Haydns Werk ist der Nachwelt seltsam fragmentarisch und verfälscht hinterlassen und von ihr entsprechend einseitig und unvollständig gepflegt worden.

Dieses Buch, geschrieben von einem Haydn-Forscher von Weltruf, faßt das moderne Haydn-Bild zusammen: Leben und Werk. Der Autor stützt sich vorwiegend auf authentische zeitgenössische Dokumente, die einprägsam Leben und Werk eines Komponisten darstellen, von dem Wolfgang Amadé Mozart einmal sagte: «Keiner kann alles: schäkern und erschüttern, Lachen erregen und tiefe Rührung, und alles gleich gut als Haydn.»

Zahlreiche zum Teil bisher unveröffentlichte Farb- und Schwarzweiß-Bilder, viele faksimilierte Dokumente und detaillierte biographische Hinweise machen das Buch zu einem informativen Haydn-Brevier.

H. C. Robbins Landon, geboren 1926 in Boston, studierte dort auch Musikwissenschaft. Er ist Herausgeber der ersten kritischen Gesamtausgabe der Haydn-Symphonien (1967 abgeschlossen) und des Haydn-Jahrbuches, Mitglied des Zentralinstituts für Mozart-Forschung (Salzburg), Mitherausgeber der neuen Mozart-Ausgabe sowie der Haydn-Gesamtausgabe. Seit 1957 arbeitet er als Auslandskorrespondent der «Times». Landon lebt in Buggiano Castello in der Toscana.

# Das kleine Haydn-Buch

von

H. C. Robbins Landon

Rowohlt

Veröffentlicht im Rowohlt Taschenbuch Verlag GmbH,
Reinbek bei Hamburg, Februar 1979

Umschlagentwurf Werner Rebhuhn (Gemälde von
Thomas Hardy/Archiv für Kunst und Geschichte, Berlin)
Für die Taschenbuchausgabe eingerichtet von
Birgit Henningsen
Satz Garamond (Linotron 505 C)
Gesamtherstellung Clausen & Bosse, Leck
Printed in Germany
580-ISBN 3 499 14322 4

# Inhalt

Vorbemerkung 7
Rohrau–Wien–Weinzierl–Lukavec 1732–1761 9
Die frühe Musik Haydns (zwischen 1750 und 1765)
Eisenstadt 1761–1765 23
Eszterháza 1766–1790 35
London 1791–1792, 1794–1795 69
Wien–Eisenstadt–Wien 1796–1809 97
Werkausgaben und Literatur in Auswahl 114
Bildnachweis 118

# Vorbemerkung

Es ist nicht leicht, ein «kleines» Buch über einen Komponisten zu schreiben, der siebenundsiebzig Jahre alt wurde und zwei Dutzend Opern, über hundert Symphonien, siebzig Quartette und sechzig Klaviersonaten komponiert hat; ganz besonders dann, wenn es sich bei diesem Komponisten um Joseph Haydn handelt, den ersten großen Meister der Wiener klassischen Schule, den Freund Mozarts und Lehrer Ludwig van Beethovens.

Verlag und Autor kamen überein, ausschließlich authentisches Illustrationsmaterial zu verwenden und einige jener Haydn-Porträts in Farbe zu reproduzieren, die bisher – aus welchen Gründen auch immer – nie farbig veröffentlicht wurden. Der Band stützt sich vorwiegend auf zeitgenössische Dokumente und Biographien, die bereits ein Jahr nach Haydns Tod (1809) erschienen sind. Da die vielen Zeugnisse über Haydn, die in den letzten zehn Jahren in wissenschaftlichen Zeitschriften und Büchern publiziert wurden und zum Großteil aus den Esterházy-Archiven in Eisenstadt, Forchtenstein und Budapest stammen, dem breiten Publikum kaum zugänglich sind, wurden auch sie in großem Ausmaß berücksichtigt. Darüber hinaus ermutigte die Tatsache, daß in den vergangenen zehn Jahren mehr Schallplatten mit Haydnwerken aufgenommen wurden als je zuvor, Verlag und Autor zur Herausgabe dieses Bandes, der allen Musikfreunden einen klaren Überblick über Werk und Leben Joseph Haydns geben soll.

H. C. R. L.

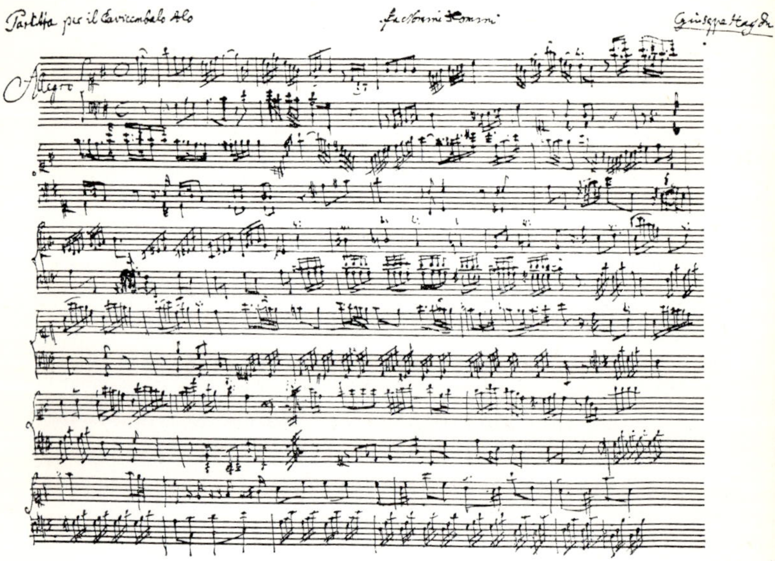

Erste Seite des Autographs der «Partitta per il Clavicembalo Solo» (Klaviersonate Nr. 13, Hoboken XVI:6). Eines der frühesten erhaltenen Autographe, vermutlich um 1755 komponiert (Royal College of Music, London). Unter den wenigen Autographen aus den fünfziger Jahren ist auch eine Serie von zwölf Tanzmenuetten (Hoboken IX:1) für Orchester (Oboen, Hörner, Streicher) zu erwähnen. Das Autograph, früher im Kloster Seitenstetten (Niederösterreich), befindet sich jetzt in der Nationalbibliothek in Wien. Vermutlich komponierte Haydn mehrere Tanzmenuette während seiner acht Wiener «Lehrlingsjahre», von denen sicher nur wenige erhalten sind. Sowohl Haydn als auch später Mozart, Beethoven und Schubert komponierten Tanzmusik gerne – Haydn sogar noch nach 1790.

# Rohrau – Wien – Weinzierl – Lukavec
## 1732 – 1761

Für Haydns Jugendjahre sind drei authentische Veröffentlichungen besonders bedeutsam:

eine «Skizze zu einer Autobiographie», die Haydn 1776 für das «Gelehrte Österreich» verfaßt hat;

«Biographische Nachrichten von Joseph Haydn» – Nach mündlichen Erzählungen desselben entworfen und herausgegeben von Albert Christoph Dies (Camesianische Buchhandlung, Wien 1810). Dies (1755–1822, geboren in Hannover, gestorben in Wien) war Landschaftsmaler und Direktor der Galerie bei Fürst Nicolaus II. Esterházy sowie Lehrer der Landschaftsmalerei an der k. u. k. Akademie in Wien und erwarb musikalische Fertigkeiten als Amateurkomponist. Er pflegte häufigen Kontakt mit Haydn;

«Biographische Notizen über Joseph Haydn» von Georg August Griesinger (Leipzig 1810; Teile davon publizierte zuvor schon die «Allgemeine musikalische Zeitung»). Griesinger (1769 bis 1845), Legationssekretär bei der sächsischen Gesandtschaft zu Wien, war mit den Verlagsinhabern Breitkopf & Härtel und auch mit Haydn befreundet. Der namhafte Leipziger Verlag brachte gegen Ende des 18. Jahrhunderts viele Werke Haydns heraus.

Joseph Haydn entstammte einer deutschsprachigen, in Rohrau ansässigen Bauern- und Handwerkerfamilie. Sein Vater, Mathias Haydn, Wagnermeister, bekleidete als betagter Mann das Amt eines Dorfrichters, seine Mutter Anna Maria, geborene Koller, arbeitete als Schloßköchin bei den Grafen Harrach, die ein Gut in Rohrau besaßen. Franz Joseph, der Zweitgeborene von zwölf Kindern, war der älteste der drei überlebenden Knaben. Er selbst schilderte seine ersten Lebensjahre:

«Mein Sel: Vetter war seiner profession ein Wagner, und

Das Geburtshaus in Rohrau (Federzeichnung von Berndt)

unterthan des grafen Harrachs, ein von Natur aus grosser Liebhaber der Music, Er spielte ohne eine Notte zu kennen die Härpfe, und ich als ein knab von 5 Jahren sang ihn alle seine simple kurze stücke ordentlich nach, dieses verleitete meinen Vatter mich nach Haimburg [Hainburg] zu dem schull Rector meinen anverwandten zu geben, um allda die Musicalischen anfangs gründe samt andern Jugentlichen Nothwendigkeiten zu erlehrnen. Gott der allmächtige (welchen ich alleinig so unermessene gnade zu dancken) gab mir besonders in der Music so viele leichtigkeit, indem ich schon in meinen 6ten Jahr ganz dreist einige Messen auf den Chor herab sang, auch etwas auf dem Clavier und Violin spielte.»

Dies erweitert die Erinnerungen und gibt ein Familienbild: «Der Vater hatte in jüngeren Jahren, nach Handwerksgebrauch, eine Wanderschaft antreten wollen und war bis Frankfurt am Main gekommen, woselbst er ein wenig die Harfe spielen lernte, und, weil er gern Lieder sang, seinen Gesang selbst, so gut er konnte, auf der Harfe begleitete. Die Gewohnheit, Grillen zu versingen, behielt er nachher im Ehestand bei. Alle Kinder mußten in sein Konzert einstimmen, die Lieder lernen und ihre Kehlen für den Gesang fähig bilden. Wenn der Vater sang, so begleitete der fünfjährige Joseph den Gesang nach Art der Kinder mit einem Stück Holz, welches er mit einem Stecken strich, und das ihm die kindische Einbildungskraft zu einer Geige umschuf.»

Von Griesinger erfahren wir, wie Haydns Musikunterricht begann: «Eines Tages kam der Schulrektor aus dem benachbarten Städtchen Haimburg, ein entfernter Verwandter der Haydnschen Familie, nach Rohrau. Meister Mathias und seine Gattin gaben nach ihrer Weise ein kleines Konzert, der fünfjährige Joseph saß neben den Eltern und strich einen Stab auf dem linken Arm, als wenn er auf der Violin accompagnirte. Dem Schullehrer fiel es auf, daß der Knabe den Takt so richtig beobachte; er schloß daraus auf gute Anlagen zur Musik, und rieht den Eltern, ihren Sepperl nach Haimburg zu schicken, damit er zur Erlernung einer Kunst angehalten

Georg Reutter d. J. (1708–1772)

würde, die ihm die Aussicht, mit der Zeit ein geistlicher Herr zu werden, unfehlbar eröffnete. Freudig ergriffen die Eltern, als eifrige Verehrer der Geistlichkeit, diesen Antrag, und im sechsten Jahr kam Joseph Haydn zum Schulrektor nach Haimburg. Hier erhielt er Unterricht im Lesen und Schreiben, im Catechismus, im Singen, und fast in allen Blas- und Saiten-Instrumente, sogar im Paukenschlagen. ‹Ich verdanke es diesem Manne noch im Grabe›, sagte Haydn öfters, ‹daß er mich so vielerley angehalten hat, wenn ich gleich dabey mehr Prügel als zu essen bekam.›»

Es ist nicht bei den Prügeln geblieben. Haydn weiß auch von Erfreulicherem zu berichten: «In den 7ten Jahr meines alters hörete der Seel: Herr Capell Meister v. Reutter in einer Durchreise durch Haimburg von ungefähr meine schwache doch angenehme stime, Er nahme mich alsogleich zu sich in das Capell Hauß, allwo ich nebst dem Studiren die sing kunst, das Clavier, und die Violin von sehr guten Meistern erlehrnete. ich sang allda sowohl bey St: Stephan als bey Hof mit grossen Beyfall bis in das 18te Jahr meines alters den Sopran.»

Griesinger gewährt Einblick in die Art von Haydns Unterrichtung: «Außer dem nach damaliger Art nothdürftigen Unterricht im Lateinischen, in der Religion, im Rechnen und Schreiben, hatte Haydn im Kapellhause sehr tüchtige Lehrer auf verschiedenen Instrumenten, und besonders im Singen. Unter den letzten war der bey der Hofmusik angestellte Chorist Gegenbauer, und ein eleganter Tenorist, Finsterbusch.»

Im Sinne einer vielseitigen und lebendigen Darstellung lassen wir wieder Dies zu Wort kommen, der sich mit der Person des Wiener Dom- und Hofkapellmeisters Georg Reutter (1708 bis 1722) und mit dessen Nachlässigkeit im Erteilen von Musikunterricht befaßt: «Die Leser werden vielleicht geneigt sein, Reutters Betragen gegen Joseph mit dem Lob, welches ein Beförderer der Talente verdient, zu belegen. Nur die Folge kann das schöne Licht, in welchem dieser Mann jetzt erscheint, etwas verdunkeln. Ich mußte jedoch die

Umstände erraten; denn Haydn erzählte mit einer Behutsamkeit und Achtung gegen seinen Lehrer, die seinem Herzen zur Ehre gereicht. Alles, was ich von ihm über diesen Punkt herausbringen konnte, war, daß das Kapitel zu St. Stephan für den Unterhalt und Unterricht eines jeden Chorknaben dem Kapellmeister jährlich 700 Gulden bezahlte. Der Chorknaben waren sechs, er bezog also 4200 fl. Sobald Joseph in seinem neu angetretenen Stande soviel Unterricht empfangen hatte, als nötig war, die Pflichten eines Chorknaben zu erfüllen, erfolgte im Unterrichte ein großer Stillstand, woran vielleicht die zu sehr überhäuften Geschäfte des Kapellmeisters schuld waren.»

Voll Sorge bemängelt Dies, daß Haydn keine Gelegenheit fand, andere notwendige Kenntnisse außer den musikalischen zu erwerben. Zwar lernte er etwas Latein, aber «übrigens unterblieb alles; und man könnte die Behauptung wagen, daß er zehn der schönsten Jugendjahre für das Wissenschaftliche verlor. Doch ist auch vielleicht eben in dieser damaligen Vernachlässigung und Nichtausbildung mehrerer Fähigkeiten der Grund zu suchen, daß das musikalische Genie die gesamten Kräfte für sich allein benutzte und dadurch zu jener riesenartigen Größe gedeihen konnte, die wir in der Folge an ihm bemerken werden.»

Wie dem auch sei – Joseph war mit seinem Stande zufrieden. Das hatte freilich familiäre Gründe. Denn das Talent des Knaben veranlaßte Reutter, Haydns Vater zuzusichern, daß er, auch wenn es zwölf wären, für dessen Söhne sorgen würde. Und Dies berichtet, daß der Vater durch dieses Anerbieten von einer großen Bürde befreit worden sei: er «willigte ein, und ungefähr fünf Jahre nachher widmete er Josephs Bruder Michael und noch später Johann der musikalischen Muse. Beide wurden zu Chorknaben aufgenommen, und, was Joseph eine unendliche Freude verursachte: ihm ward aufgetragen, seine beiden Brüder zu unterrichten. – Schon damals beschäftigte sich Joseph in Freistunden mit dem Komponieren. Reutter überraschte ihn einst in dem Augen-

Der Stephansdom in Wien.
Zwischen der Magdalenenkapelle und dem vierstöckigen Zinshaus befand sich Reutters Wohnung, in der Haydn als Chorknabe lebte

blicke, wo er ein zwölfstimmiges Salve regina auf einem mehr als ellenlangen Papiere vor sich ausgebreitet liegen hatte. ‹He! Was machst du da, Büberl?› – Reutter durchsah das lange Blatt, lachte herzlich über die reiche Aussaat des Wortes Salve, noch mehr über den riesenmäßigen Einfall, als Knabe sich an zwölf Stimmen zu wagen, und fügte hinzu: ‹O du dummes Büberl, sind dir denn zwei Stimmen nicht genug?›»

Als Haydn des Stimmbruchs wegen untauglich wurde, weiterhin Chorknabe zu bleiben, hatte Reutter nichts Eiligeres zu tun, als ihn zu verabschieden. Denn Joseph brachte dem Kapellmeister nun keinen Geldnutzen mehr. Eine Ungezogenheit Haydns beschleunigte seine Verabschiedung. Wir zitieren abermals aus den biographischen Notizen von Dies: «Haydn hatte nämlich aus Mutwillen einem anderen Chorknaben, der wider das damals übliche Kostüm der Chorknaben sein langes Haar in einem Zopfe trug, denselben ihm abgeschnitten. Er wurde darüber bei Reutter angeklagt und von diesem verurteilt, Stockschläge in die flache Hand zu empfangen. Der Augenblick der Strafe erschien. Haydn suchte allerlei Mittel zu seiner Befreiung herbei und erklärte endlich. Er wolle lieber nicht mehr Chorknabe sein und sogleich austreten, wenn er nicht gestraft würde. ‹Das hilft nichts›, erwiderte Reutter, ‹du wirst erst geprügelt, und dann marsch!› – Sowohl Joseph als auch Michael Haydn scheinen den Kapellmeister Reutter ziemlich oft zum Zorn gereizt zu haben, der es dann an Züchtigungen nicht mangeln ließ. Als Michael 1801 in Wien war, ging er einst in Gesellschaft vertrauter Freunde vor dem Kapellhaus vorbei. Hier blieb er stehen und sagte lächelnd: ‹In dem lieben Hause habe ich manches Jahr hindurch wöchentlich einen Schilling bekommen.›

Reutter hielt sein Wort. Und so trat der abgedankte Chorknabe hilflos, ohne Geld, mit drei schlechten Hemden und einem abgenützten Rock ausstaffiert, in die große Welt, die er nicht kannte.»

Haydn selbst sah seine damalige Lage gar nicht rosig und

«Im Hause Nr. 1220 am Michaelerplatze»
wohnte Joseph Haydn ab etwa 1750

Pietro Metastasio (1698–1782)

merkte in seinen Aufzeichnungen an, wie nachteilig sich solche Notzeiten auf geniale Menschen auswirken können: «Da ich endlich meine stimme verlohr, muste ich mich in unterrichtung der Jugend ganzer 8 Jahr kumerhaft herumschleppen (NB: durch dieses Elende brod gehen viele genien zu grund, da ihnen die zeit zum studiren manglet) die Erfahrung trafte mich leider selbst, ich würde das wenige nie erworben haben, wan ich meinen Compositions Eyfer nicht in der nacht fortgesetzt hätte, ich schriebe fleissig, doch nicht ganz gegründet, bis ich endlich die gnade hatte von dem berühmten Herrn Porpora (so dazumahl in Wienn ware) die ächten Fundamente der sezkunst zu erlehrnen.»

Griesinger schildert Haydns erbärmliche Existenz: «Er bezog in Wien ein armseliges Dachstübchen (im Hause Nr. 1220. am Michaelerplatze) ohne Ofen, worin er kaum gegen den Regen geschützt war.» Und die Chronik von Dies erteilt Auskunft über Haydns erste musikalische Gehilfentätigkeit: «Ich erinnerte Haydn an das Bodenkämmerchen und wünschte, seine Erlösung aus demselben zu vernehmen. ‹Ich geriet›, hob Haydn an, ‹in die Bekanntschaft des bekannten Kapellmeisters Porpora, dessen Unterricht häufig gesucht wurde, der aber, vielleicht wegen Alters, einen jungen Gehilfen suchte und solchen in meiner Person fand. Unter den Schülern des Porpora befand sich ein junges Mädchen von etwa sieben bis neun Jahren. Der berühmte Metastasio war der Wohltäter der Mutter und des Mädchens, das er auf seine Kosten erziehen und von Porpora im Singen unterrichten ließ.›»

Haydns Schicksal schien sich nun freundlicheren Seiten zuzuwenden. Metastasio, mit dem er bekannt wurde, unterwies ihn in der italienischen Sprache und gab ihm so manche «nützlichen Winke» (Dies).

In dieser Zeit wurde Haydn für jährlich sechzig Gulden Vorspieler bei den Barmherzigen Brüdern in der Leopoldstadt. Laut Griesinger mußte er «an Sonn- und Feiertagen um acht Uhr Morgens in der Kirche seyn, um zehn Uhr spielte er

Die Kirche der Barmherzigen Brüder in der Leopoldstadt

die Orgel in der damaligen Gräfl. Haugwitzischen Kapelle, und um eilf Uhr sang er in der Stephanskirche. Jeder Gottesdienst wurde ihm mit siebzehn Kreutzern bezahlt».

Die viele sakrale Beschäftigung hielt Haydn nicht davon ab, sich höchst weltlichen Dingen zuzuwenden. Daß er dabei das Theater im Auge hatte, wird von Dies bestätigt: «Das erste Produkt für die Bühne führte den Titel *Der krumme Teufel* . . . Diese Oper wurde mit großem Beifall zweimal aufgeführt und darauf wegen beleidigender Anzüglichkeiten im Texte verboten.» – Aufschlußreich ist die erste, von Griesinger überlieferte Begegnung Haydns mit der Klaviermusik Karl Philipp Emanuel Bachs, Sohn des großen Johann Sebastian. Bachs erste sechs Sonaten fielen Haydn in die Hände, und er sei nicht mehr von seinem Klavier losgekommen, bevor sie nicht durchgespielt waren: «. . . wer mich gründlich kennt, der muß finden, daß ich dem Emanuel Bach sehr vieles verdanke, daß ich ihn verstanden und fleißig studirt habe . . .»

Mit Griesinger verfolgen wir die nächsten Stationen auf dem ab nun stetig aufwärtsführenden Lebensweg Haydns: «Ein Baron Fürnberg hatte eine Besitzung im Weinzierl, einige Posten von Wien, und er lud von Zeit zu Zeit seinen Pfarrer, seinen Verwalter, Haydn und Albrechtsberger (einen Bruder des bekannten Contrapunktisten, der das Violoncell spielte) zu sich, um kleine Musiken zu hören. Fürnberg forderte Haydn auf, etwas zu komponiren, das von diesen vier Kunstfreunden aufgeführt werden könnte. Haydn, damals achtzehn Jahre alt, nahm den Antrag an, und so entstand sein erstes Quartett, welches gleich nach seiner Erscheinung ungemeinen Beyfall erhielt, wodurch er Muth bekam, in diesem Fache weiter zu arbeiten. – Im Jahre 1759 wurde Haydn in Wien bey dem Grafen Morzin als Musikdirektor mit zweyhundert Gulden Gehalt, freyer Wohnung und Kost an der Offizianten-Tafel angestellt. Hier genoß er endlich des Glücks einer sorgenfreyen Existenz; es ging ihm ganz gut. Der Winter wurde in Wien, und der Sommer in Böhmen, in der Nähe von Pilsen, zugebracht.»

Haydn sieht sich jetzt schon am Ziel seiner Wünsche (es ist nicht sein letztes geblieben, und seine Wünsche waren fürderhin auf noch Höheres ausgerichtet): «Endlich wurde ich durch Reccomendation des Sel: Herrn v. fürnberg (von welchen ich besondere gnaden genossen) bey Herrn grafen v. Morzin als Directeur, von da aus als Capell Meister bey S: Durchl. dem fürsten [Esterházy] an und aufgenommen, allwo ich zu leben und zu sterben mir wünsche.»

# Die frühe Musik Haydns (zwischen 1750 und 1765) Eisenstadt 1761–1765

Bisher wurde durch den Abdruck von Dokumenten eine Impression von Haydns Jugendzeit gegeben. Das Bild wäre ohne Hinweise auf seine Musik unvollständig. Wahrscheinlich ist nur ein kleiner Teil der frühen Werke erhalten geblieben. Beispielsweise ist die Musik zu «Der krumme Teufel» (oder «Der neue krumme Teufel») verlorengegangen, was erstaunt, wenn man bedenkt, daß diese Oper im gesamten deutschsprachigen Raum gespielt wurde. Die uns heute aus der ersten Schaffensperiode bekannte Musik reicht jedoch, um eine Vorstellung von den Anfängen Haydns als Komponist zu vermitteln. Hierzu zählt die *Missa brevis* in F mit zwei Sopransoli, Chor und dem sogenannten Wiener Kirchentrio (zwei Violinen und *basso continuo*). Die Musik wurzelt formal noch im Stil von Haydns erstem Lehrer Reutter; es dürfte demnach kein Zufall sein, daß eine weitere Jugendmesse, die *Missa brevis* «Rorate coeli desuper» in G (1957 im Stift Göttweig entdeckt), in einigen Kopien unter den Namen von Reutter oder Ferdinand Arbesser, dem Domorganisten zu St. Stephan in Wien, erhalten blieb.

Von Haydns früher Musik für Tasteninstrumente sind mehrere Stücke überliefert, darunter Klaviersonaten, Trios für Cembalo, Violine und Violoncello sowie *divertimenti* oder – wie Haydn sie manchmal nannte – *concertini* für Cembalo, zwei Violinen und Baß, deren stilistische Vorbilder die beliebten Konzerte des Wiener Hofkomponisten Georg Christoph Wagenseil waren. Wir kennen auch etliche *divertimenti* für Streicher und Bläser (etwa Hob. II, Nr. 1, 11, 20 und G 1), einige davon zweifellos als Straßenserenaden geschrieben, an denen, wie man weiß, Haydn teilnahm, manchmal auch gemeinsam mit seinem Freund Carl Ditters (1739–

Joseph Haydn 1781.
Das frühest datierte authentische Porträt von J. E. Mansfeld

1799, seit 1773 von Dittersdorf, Violinvirtuose und geschätzter Komponist). Haydns erste Symphonien dürften im Dienst des Grafen Morzin geschrieben worden sein. Kopien aller dieser Symphonien, die erst nach dem Zweiten Weltkrieg entdeckt wurden und sich jetzt in der Budapester Nationalbibliothek befinden, lieferte Haydn an Obristleutnant von Fürnberg. Man ist gegenwärtig der Ansicht, daß die Symphonien Nr. 1 bis 5, 10, 11, 15, 18, 32, 33, 37 und wahrscheinlich auch «A (Hob. I: 107)», «B (Hob. I: 108)», 19 und 20 für den Grafen Morzin komponiert wurden, der sich hauptsächlich in Wien oder im böhmischen Lukavec, wo er ein reizendes Rokokoschloß besaß, aufhielt. In diesen Symphonien, die von der Mannheimer Schule (Johann Stamitz und andere) weniger beeinflußt sind, als man früher dachte, werden gleichfalls lokale Vorbilder spürbar. Das berühmte Mannheimer Crescendo, das Haydns Symphonie Nr. 1 einleitet, ist in fast identischer Form in einer ein Jahr vorher (1758) komponierten Symphonie von Florian Leopold Gassmann zu finden. (Gassmann, 1729–1774, als Komponist in Venedig und Wien tätig, später daselbst Hofkapellmeister, schrieb für Venedig die Oper *L'Issipile* und benützte die erwähnte Symphonie hierfür als Ouvertüre.) Bald aber schuf Haydn Symphonien mit komplizierterem Aufbau und tieferem geistigen Inhalt als seine Vorgänger. Diese Symphonien wurden bereits kurz nach ihrem Erscheinen überall in der österreichisch-ungarischen Monarchie gespielt.

Haydns größtes Verdienst um die Musik liegt weniger in der formalen Weiterentwicklung der Symphonie als in jener des Streichquartetts, dem er die von der Musikgeschichte als «klassisch» bezeichnete Gestalt gab. Zehn frühe Quartette zeigen an, wie geschickt Haydn Wiener Volksgesänge mit der Kunstform verband. Einige dieser Werke, als Quartette registriert, sind von Haydn nicht als solche geschrieben worden; so sind zwei Stücke aus dem sogenannten Opus 2, Nr. 3 und 5, eigentlich Sextette mit zwei Hörnern, und op. 1, Nr. 5, ist in Wirklichkeit eine Symphonie. Ein echtes Quartett ist das als op. 0 geführte in Es-Dur; es gehört zu den Originalwerken. Alle Quartette des sogenannten op. 3 (einschließlich der berühmten Serenade op. 3, Nr. 5) stammen hingegen nicht von Haydn, sondern – wie kürzlich festgestellt werden konnte – von Pater Romanus Hofstetter.

Das Jahr 1760 brachte zwei für Haydns Leben entscheidende Ereignisse: das eine wurde ausgelöst durch die finanziellen Schwierigkeiten des Grafen Morzin, der Ende des Jahres sein Orchester entlassen mußte; das andere war seine Heirat mit Maria Anna Keller am 26. November, eine Bindung, die für Haydn zum folgenschwersten Fehler seines Lebens werden sollte. Griesinger schreibt darüber: «Überhaupt war seine Wahl nicht glücklich ausgefallen, denn seine Gattin war von einem gebieterischen, unfreundlichen Charakter, und er mußte ihr seine Einkünfte sorgfältig verbergen, weil sie den Aufwand liebte, dabey bigott war, die Geistlichen fleißig zu Tische lud, viele Messen lesen ließ, und zu milden Beyträgen bereitwilliger war, als es ihre Lage gestattete. Haydn antwortete mir einst, als ich den Auftrag hatte, mich zu erkundigen, wie eine erwiesene Gefälligkeit, für die er nichts annehmen wollte, seiner Frau erstattet werden könnte: ‹Die verdient nichts, und ihr ist es gleichgültig, ob ihr Mann ein Schuster oder ein Künstler ist!›»

Im Mai 1761 wandte sich Haydns berufliches Schicksal zum Guten. Er wurde von einer der reichsten und mächtigsten Familien der österreichisch-ungarischen Monarchie, den Esterházys, die außer ihrem Palais in Wien Schlösser in ganz Ungarn und im heutigen Burgenland besaßen, als Vize-Kapellmeister engagiert. Haydn ist bis zum Ende seines Lebens in deren Diensten geblieben. Als er eintrat, regierte Fürst Paul Anton, der ein hochgebildeter und intelligenter Mann war und verschiedene Saiteninstrumente spielte. Als kaiserlicher Gesandter in Italien hatte er eine Vorliebe für die Oper entwickelt und begann nun ein Theater im Eisenstädter Schloß zu bauen, das fast vollendet war, als er im März 1762 starb.

In Eisenstadt, einer der bedeutendsten Besitzungen der

Schloß Eisenstadt
nach dem Umbau (1663 bis 1672) durch Carlo Martino Carlone

Fürst Anton Esterházy
regierte von 1790 bis 1794

Familie, das die Residenz des Fürsten Paul Anton war, besuchte Vater Haydn den jungen Vize-Kapellmeister. Griesinger berichtet darüber: «Haydns Vater genoß noch das Vergnügen, seinen Sohn in der blauen, mit Gold besetzten Hausuniform zu sehen, und von dem Fürsten viele Lobsprüche über das Talent seines Sohnes zu hören. Kurze Zeit nach diesem Besuch stürzte, als Meister Mathias eben bey der Arbeit war, ein Holzstoß neben ihm zusammen; es wurden ihm einige Rippen zerbrochen, und er starb bald darauf.»

Haydns Pflichten werden in einem vierzehn Punkte umfassenden Vertrag mit der Familie Esterházy, der noch in den Familienarchiven existiert, recht genau aufgezählt:

«Convention und Verhaltungs-Norma

des Vice Capel-Meisters.

Heüthe Endes angesetzten Tag, und Jahr ist der / in Österreich zu [Rohrau] gebürtige Joseph Heyden / bey Ihro Hochfürstlicher Durchlaucht, Herrn Paul Anton / des heyl.en Röm.en Reichs Fürsten, von Esterházy / und Galantha Tit. etc. etc. als Vice-Capel-/Meister, in die Dienste an- und aufgenommen / worden, dergestalten, das weilen

1mo. Zu Eysenstadt ein Capel-Meister nahmens Gregorius / Werner schon lange Jahr hindurch dem Hochfürstl.en / Hause, Treü-emsige Dienste geleistet, nunmehro / aber seines hohen Alters, und daraus öfters entstehen-/der unpäslichkeit halber, seiner Dienst-schuldiget nach / zukommen, nicht allerdings im stande ist, so wird / er Gregorius Werner dannoch in Ansehung seiner / Lang-Jährigen Diensten ferners, als Ober-Capel-/Meister verbleiben, er Joseph Heyden hingegen, / Vice-Capel-Meister zu Eysenstadt, in der / Chor-Musique Ihme Gregorio Werner, quà Ober-/Capel-Meistern subordinirt seyn, und von Ihme / Dependiren; In all-andern begebenheiten aber, / wo eine Musique immer gemacht werden solle, / so wird alles, was zur Musique gehörig ist, in gene-/re und Specie an ihne Vice-Capel-Meister an-/gewiesen.»

Im Vertrag wird vereinbart, daß Haydn als Hausoffizier gehalten werde. Er habe nüchtern, allzeit in Uniform, sauber, in «weissen strimpffen, . . . eingepudert und entweder in zopf oder harbeütel . . .» zu erscheinen. Auch solle er die ihm «nachgesetzten Musicis nicht Brutal, sondern mit glimpff . . .» behandeln. Seine neuen Kompositionen dürfe er nicht abschreiben lassen; sie seien für «Ihro Durchlaucht eintzig und allein vorzubehalten . . .». Haydn müsse täglich vor- und nachmittags in der Antichambre erscheinen. Als Vize-Kapellmeister habe er danach zu trachten, daß nicht jede in seinem Bereich vorfallende Bagatelle-Sache an die Durchlaucht herangetragen werde. Es wird ihm aufgetragen, «die Singerinnen zu Instruiren, damit sie das jenige, was in Wienn mit vieler mühe und Speesen, von vornehmen Meistern erlehrnet haben, auf den Land nicht abermal vergessen . . .». Haydn empfängt ein Jahresgehalt von «400. frn Rheinl.», das ihm quartalweise angewiesen wird. Der Vertrag gilt vom 1. Mai 1761 an, und zwar mindestens auf drei Jahre. Haydn wird, falls seine Leistungen die Herrschaft voll zufriedenstellen, die Oberkapellmeister-Stelle zugesagt.

Nach dem Tode Paul Antons trat sein jüngerer Bruder Nicolaus, damals achtundvierzig Jahre alt und später als «der Prachtliebende» bekannt, die Nachfolge an. Auch Nicolaus war ein talentierter Amateurmusiker, dessen Lieblingsinstrument eine Art von Viola da Gamba, das Baryton, war. Haydn komponierte für Nicolaus mehr als hundert *divertimenti* für Baryton, Viola und Baß. Am 4. Januar 1766 informierte Nicolaus Esterházy seinen Wirtschaftskanzler:

«Diesen Augenblickh erhielt ich 3 stuckh vom Hayden, mit welchen ich sehr zufrieden bin. Sie werden dahero demselben 12 Ducaten aus der Cassa in meinem Namen geben lassen und ihm zugleich sagen, daß er noch 6 solche stuckh, wie Er mir dermahlen zugeschickt, und nebst dem auch 2 Solo machen und ehestens anhero zu übersenden trachte.»

Die ersten Werke, die Haydn für Paul Anton komponiert hatte, waren nach den Tageszeiten benannt, und zwar *Le matin*, *Le midi* und *Le soir*. Diese Werke verbinden auf brillante Art die alte Form des *concerto grosso* mit den Elementen des *divertimento* und des Konzerts. Die Kombination ermöglichte Haydn, die virtuosen Fähigkeiten seiner Musiker herauszustreichen, besonders die seines Konzertmeisters Luigi Tomasini, der ein Favorit des Fürsten Nicolaus werden sollte. Haydns Pflichten als Vize-Kapellmeister betrafen hauptsächlich das Orchester; daher überrascht es nicht, daß sich Haydn in der ersten Zeit seiner Tätigkeit bei der Familie Esterházy überwiegend mit Symphonien beschäftigt hat. Es war eine Periode, in welcher Haydn mit der symphonischen Form kunstvoll experimentierte. Wir finden Stücke in der alten Form der *sonata da chiesa* (Kirchensonate), die mit einem langsamen Satz beginnt. Das vielleicht berühmteste dieser Werke ist eine faszinierende Es-Dur-Symphonie, bekannt unter dem Namen «Der Philosoph», in welcher zwei Englisch-Hörner – von Haydn besonders geschätzt – verwendet werden.[1] Im langsamen ersten Satz, in einer hochinteressanten Form geschrieben, teilt Haydn den Bläsern eine Art Choralthema fortissimo zu, das wie bei einem Choral-Vorspiel in langsam fortschreitenden Modulationen wiederkehrt. Für die sogenannte «Alleluja»-Symphonie (Nr. 30) nimmt Haydn tatsächlich ein gregorianisches Thema zum Hauptmotiv des ersten Satzes.[2] In einigen Symphonien dieser Schaffensperiode setzt Haydn vier Hörner ein, sehr oft nur, um den Klang des Orchesters abzurunden. In zwei Jagdsymphonien jedoch, Nr. 31 und Nr. 72, erhalten die Hörner solistische Aufgaben. Beide Symphonien, von denen Nr. 31 – als «Das Hornsignal» bekannt – die berühmtere ist, enthalten Elemente des Konzerts sowie der Suite und enden mit einer Art Kehraus; in Nr. 31 benützt Haydn die Eröffnungstakte der Symphonie auch für den Schluß, was dem Werk besondere Geschlossenheit verleiht.

Anfang des Jahres 1763 gab Fürst Nicolaus sein erstes großes Fest auf Schloß Eisenstadt. Haydn komponierte für

1 Im Tanzmeistersaal in Salzburg gibt es ein schönes Englisch-Horn von Haydns Wiener Instrumentenmacher Mathias Rockobauer zu sehen.

2 Das Thema ist die alte Ostermelodie über das Wort Alleluja.

Fürst Nicolaus Esterházy regierte von 1762 bis 1790

1. Landschaft um Rohrau

2. Schloß Eszteráza

diesen Anlaß eine Anzahl von kurzen italienischen Opern, wovon jedoch nur Fragmente der Oper *La Marchesa Nespola* überliefert sind. Auch die wichtigste Oper, *Acide de Galatea*, eine typische *opera seria*, ist nur zum Teil erhalten geblieben. Fürst Nicolaus war ein noch größerer Opernliebhaber als sein älterer Bruder und hatte deshalb für Haydn stets neue Pläne auf diesem Gebiet.

1764 reiste der Fürst nach Paris und sah Versailles; er kehrte mit dem Entschluß zurück, in Süttör, wo er ein Jagdschloß auf der (gegenwärtig) ungarischen Seite des Neusiedler Sees besaß, einen Palast zu errichten, der einer der schönsten in ganz Ungarn werden und auch ein Opernhaus einschließen sollte. Haydn feierte die Rückkehr des Fürsten mit seinem ersten *Te Deum* und mit einigen Kantaten, von denen eine, *Qual dubbio*, erst vor kurzem entdeckt wurde. Um diese Zeit komponierte Haydn auch einige kleinere Werke für die Kirche, von denen man etliche unlängst in entlegenen tschechischen und ungarischen Bibliotheken auffand.

Gregor Werner, der alte Kapellmeister, starb 1766, und Haydn rückte sofort in dessen Position auf, was bedeutete, daß er nun allein für alle Musik, weltliche und geistliche, verantwortlich war. Um seine Fähigkeiten auf sakralem Gebiet zu beweisen, schrieb er eine Messe: die *Missa in honorem B. V. M.* bestätigt Haydn nicht nur als bedeutenden Meß-Komponisten, sondern auch als guten Orgelspieler, da er den großen konzertierenden Orgelpart darin wohl selbst übernommen hat. (Übrigens steht in der Kantate *Qual dubbio* eine anspruchsvolle Solopartie für Cembalo, die Haydn wahrscheinlich ebenfalls für sich geschrieben hat.)

1766 war das neue Schloß Eszterháza so weit fertiggestellt, daß der Fürst Haydn und seine Musiker für die Sommermonate mit sich nehmen konnte. Damit beginnt Haydns Leben und Wirken sich vor allem auf das Feenreich Eszterháza zu konzentrieren, wo viele seiner wichtigsten Werke entstehen sollten.

Symphonie Nr. 45 in fis-moll («Abschiedssymphonie»), 1772:
erste Seite der autographen Partitur.

# Eszterháza 1766–1790

Durch die Eröffnung Eszterházas änderte sich Haydns Leben und das der anderen fürstlichen «Haus-Officiere». Fürst Nicolaus gewann seinen entlegenen ungarischen Besitz immer lieber und hielt sich von Jahr zu Jahr länger dort auf. Er weilte, im Gegensatz zu Haydn, ungern in Wien und besuchte die Stadt nur noch zu Weihnachten, um dem Hof Reverenz zu erweisen. Schließlich kam es so weit, daß die Musiker von Mitte Februar bis knapp vor Weihnachten in Ungarn ausharren mußten. Der lange Aufenthalt veranlaßte eines der berühmtesten Werke Haydns: die «Abschiedssymphonie». Die Vorgeschichte und das Ereignis selbst möge Albert Christoph Dies erzählen:

«Der Fürst Nicolaus Esterházy wohnte den Sommer über zu Esterház in einem neuen Schlosse, welches dieser Fürst damahls erbauen ließ, und das in der Folge dessen Lieblingsaufenthalt wurde. Der Hofstaat mußte ihm dahin folgen. Das nur erst zum Theil erbauete und eingerichtete Schloß war jedoch für eine so große Anzahl von Menschen nicht geräumig genug; darum wurde eine Auswahl getroffen, und Virtuosen, die den Fürsten nach Esterház begleiten mußten, sahen sich genöthigt, sechs Monathe hindurch, der Gesellschaft ihrer Weiber zu entbehren. Alle waren junge lebhafte Männer, die mit Sehnsucht dem letzten Monathe, dem Tage, der Stunde der Abreise entgegen sahen, und das Schloß mit verliebten Seufzern erfülleten. ‹Ich war damahls jung, fröhlich, folglich nicht besser, als die Andern›, sagte Haydn mit Lächeln.

Der Fürst Nicolaus mußte die verborgenen Wünsche seiner Musiker längst errathen haben; die komischen Auftritte mußten ihm selbst zum Vergnügen dienen; wie hätte er sonst auf den Einfall kommen können, den gewöhnlichen sechs monathlichen Aufenthalt dieß Mahl um zwey Monathe verlängern zu wollen? – Dieser unerwartete Befehl stürzte die feurigen jungen Ehemänner in Verzweiflung; sie bestürmten den Kapellmeister Haydn, bathen, fleheten: er müsse, er solle Rat schaffen!

Keiner konnte die verzweifelte Lage der Verehelichten mehr empfinden, als Haydn; dies war aber nicht hinreichend, guten Rath zu schaffen. Wie sollte er das anfangen? Sollte er dem Fürsten eine Bittschrift, im Namen des Orchesters überreichen? Das würde als Stoff zum Lachen gedient haben. Er that eine Menge ähnlicher Fragen an sie, fand aber auf keine eine befriedigende Antwort.

Der gewöhnliche Mensch macht in solchen Fällen einen dummen Streich; das Talent hilft sich heraus. Haydn nahm zu seiner Muse die Zuflucht, und entwarf ein Sextett[3] neuer Art. – An einem der nächsten Abende wurde der Fürst Nicolaus auf die sonderbarste Weise mit dieser Musik überrascht. Mitten im Feuer einer die Leidenschaften schildernden Musik, endiget Eine Stimme; der Spieler legt ohne Geräusch die Noten zusammen, nimmt sein Instrument, löschet die Lichter aus, und geht weg. Bald nachher endiget eine zweyte Stimme; der Spieler macht es wie der vorhergehende, und entfernet sich. Nun endiget eine dritte; eine vierte Stimme; alle löschen die Lichter aus, und tragen die Instrumente mit sich fort. Das Orchester verdunkelt sich, und wird zunehmend öde. Der Fürst, und alle anwesenden Personen schweigen verwunderungsvoll. Endlich löschet auch die vorletzte Person, Haydn selbst, die Lichter aus, nimmt seine Stimme, und entfernt sich. Ein einziger Violinspieler bleibt noch.»

Die Partitur zeigt jedoch, daß zwei Violinspieler übrigbleiben, und zwar offenbar Luigi Tomasini und Haydn selbst.

«Haydn hatte diesen absichtlich zum Beschluß gewählt, weil dessen Solospiel dem Fürsten sehr gefiel, und er durch die Kunst des Spielers gleichsam gezwungen wurde, das Ende

3 Die «Abschiedssymphonie» wird Sextett genannt, weil sie mit zwei Oboen, zwei Hörnern und vier Streicherkategorien besetzt ist.

abzuwarten. Das Ende erfolgte, die letzten Lichter wurden ausgelöscht, und Tomasini ging auch weg. Der Fürst stand nun auf und sagte: ‹wenn sie alle weg gehen, so müssen wir auch gehen.› – Die Virtuosen hatten sich indessen im Vorzimmer versammelt, wo sie der Fürst fand, und lächelnd sagte: ‹Haydn, ich habe es verstanden, morgen können die Herrn alle reisen›, worauf er die nöthigen Befehle ertheilte, die fürstlichen Pferde und Wagen zu der Abreise in Bereitschaft zu halten.»

Fürst Nicolaus ließ einige Zeit verstreichen, bevor er Haydn, die Sänger und das Orchester der Öffentlichkeit vorstellte; für diesen Anlaß wählte er ein bezauberndes, etwa einstündiges *Intermezzo* Haydns mit dem Titel *La Canterina*[4] (für vier Sänger und Kammerorchester). Die Generalprobe für die Aufführung wurde 1766 auf Schloß Eisenstadt durchgeführt; die erste öffentliche Wiedergabe fand im Fasching 1767 zu Preßburg im Garten der bischöflichen Residenz im Beisein von Mitgliedern der königlichen Familie statt. Ein zeitgenössischer Chronist berichtet, der Fürst habe das Baryton in der Öffentlichkeit gespielt.

Während der späten sechziger und der ersten Hälfte der siebziger Jahre komponierte Haydn eine Reihe von Baryton-*divertimenti* für den Fürsten. Daß er diese Stücke nicht immer freien Willens schrieb, ist aus dunklen Bemerkungen ersichtlich, die auf dem Titelblatt des Autographs vom Baryton-Trio Nr. 109 stehen. Die eine lautet «fatto a posta» (auf Bestellung), die andere «nihil sine causa» (nichts ohne Grund). Indes war Haydn zu sehr Musiker, um nicht doch Interesse an diesem schwierigen Saiteninstrument zu finden. Wie sehr ihn das Baryton beschäftigt hat, bestätigt Dies:

«Die so genannte Abschiedssymphonie hatte die Zuneigung des Fürsten Nicolaus für Haydn vermehrt. Der Fürst liebte die Musik, und spielte selbst das Bariton, welches, nach

4 Nicht identisch mit dem Werk gleichen Namens von Goldoni (1756, Musik von Galuppi, Teatro Capranica, Rom). Siehe Cesare Musatti, *I Drammi Musicali de Carlo Goldoni*, Venezia 1902, S. 31.

der Meynung des Fürsten, bloß auf eine Tonart beschränkt seyn sollte. Haydn konnte darüber nichts Gewisses entscheiden, weil er das Instrument nur sehr oberflächlich kannte; dennoch glaubte er, es müßten demselben mehrere Tonarten angemessen seyn. Während Haydn, ohne Wissen des Fürsten, Untersuchungen über die Natur des Instruments anstellte, gewann er eine Neigung für dasselbe, und übte sich, wegen Zeitmangel, in späten Nachtstunden, in der Absicht, ein guter Spieler zu werden. Freylich wurde er oft in seinen nächtlichen Studien, durch das Schelten und Gezänke seiner Frau gestört; er verlor aber die Geduld nicht, und erlangte in Zeit von sechs Monathen seinen Endzweck.

Noch wußte der Fürst nichts. Haydn konnte einer Anwandlung von Eitelkeit nicht länger widerstehen. Er ließ sich öffentlich vor dem Fürsten hören, spielte in *mehreren* Tonarten, und glaubte, unendlichen Beyfall einzuerndten. Der Fürst war jedoch gar nicht verwundert, nahm die Sache, wie sie genommen werden mußte, und sagte bloß: ‹Haydn! das müssen Sie wissen!› – ‹Ich verstand den Fürsten vollkommen›, sagte mir Haydn, ‹und ob mich gleich im ersten Augenblick die Gleichgültigkeit desselben schmerzte: so verdanke ich es doch seiner kurzen Erinnerung, daß ich plötzlich den Vorsatz fahren ließ, ein guter Baritonspieler zu seyn. Ich erinnerte mich, daß ich mir als Kapellmeister, und nicht als ausübender Virtuos, schon einigen Ruhm erworben hatte; machte mir selbst Vorwürfe, die Composition seit einem halben Jahre vernachläßigt zu haben, und wandte mich wieder mit neuem Eifer zu derselben.›»

Ein Blick in das Hofleben von Eszterháza soll uns das Leben im Schloß und Haydns Position veranschaulichen. Die fürstlichen Angestellten waren in drei Klassen geteilt: die «Haus-Officiere», die Diener in Livree und die gewöhnlichen Diener. Zu den «Haus-Officieren» zählten der Hof- und Leibarzt des Fürsten, der alte Pater Leo vom Orden der Barmherzigen Brüder (die Barmherzigen Brüder hatten ein Haus in Eisenstadt; Haydn und die Esterházys waren mit

Die
**bestrafte Rachbegierde,**
ein
**Singspiel**
in drey Aufzügen
von
P. G. B.

---

Aufgeführt
zu
**Esterhatz**
auf der
Hochfürstlichen Marionettenbühne,
im Jahre
1779.

## Personen.

**Liebhold**, König von Utopien.
**Lucinde**, Prinzeßin von Kokligallinien.
**Steiffenruck**, Burgermeister von Utopien.
**Furette**, eine böse Fee.
**Funest**, ein boshafter Zauberer.
**Candide**, eine wohlthätige Fee.
**Hannswurst**, ein Abgesandter.
**Gutsmuths**, ein Haushofmeister.
**Herr Schwach**, } vier Räthe des Königs.
**Herr Seicht.** }
**Herr Obenhin.** }
**Herr Unbedacht**, }
**Bitterfeld**, ein alter Hauptmann.
**Brumeisen**, ein alter Hauptmann.
**Aussenschön**, ein Hofkavalier.
**Ein Schiffmeister.**
**Einige Schifferknechte.**
**Einige Musici.**

**Chore.**

Titelseite und Personenverzeichnis
aus dem Originallibretto der (verlorengegangenen) Oper
«Die bestrafte Rachbegierde (Rachgier)», 1779,
Text von Philipp Georg Bader.

## Chore.

Von Feen und Zauberern.
Von Hofleuten.
Von Bürgern in Mänteln, und Bürgerinen.
Von Geistern und Furien.
Von Genien oder Schutzgeistern.
Von Bürgern in Waffen.
Von Schiffern.
Von Unterthanen.

## Veränderungen der Bühne.

Ueberbleibsel eines alten Gebäudes.
Herrlich verzierte Zaubergrotte.
Audienzsaal.
Schloßplatz.
Zauberhöhle mit Cabinetten.
Vorzimmer.
Kleinerer Audienzsaal.
Ein gewöhnliches sauberes Zimmer.
Ein Düsterer Wald.
Ein transparenter Saal.
Ein Schloßplatz mit einen Triumphbogen.
Ein prächtiger Speisesaal.
Ein Garten, hinten mit Aussicht auf eine stille See.
Eine Illumination mit Säulenwerk.
Ein Lustwald mit Feuerwerk.

Die Musik ist von dem Hochfürstlichen Herrn Kapellmeister Joseph Haiden eigens darzu verfertiget.

Erster.

# Erster Aufzug.

## Erster Auftritt.

Das Theater stellet Ueberbleibsel eines alten Gebäudes, oder Rudera vor, und unter einer analoguen piano Music kommen Féen und Zauberer auf Wolken, und Dampf Maschinen von oben herunter und auf denen Seiten herein

## Zweyter Auftritt.

### Furette und die Vorigen.

Die Bühne verwandelt sich in eine Grotte von allerley Erzt Stuffen mit Moos darzwischen, und ist mit Glaßkugeln von verschiedenen Farben beleuchtet. Im Grunde der Bühne versincken Rudera, und der Sitz der Fée erscheint unter einer sympolischen Gloriette; Alle Maschinen, worauf die Féen und Zauberer gekommen sind, aber verwandeln sich in Sesseln auf Staffeln.

a Fu-

Textauszug aus dem Originallibretto der (verlorengegangenen) Oper «Die bestrafte Rachbegierde (Rachgier)» dem Orden verbunden), weiters ein zweiter Arzt, Dr. Joseph Wecker, der im Haus der Musiker lebte und das fürstliche Spital in Eszterháza beaufsichtigte. Dem Sekretariat gehörten zwei «Sekretäre» an: Haydns Freund Jakob Kaufmann, der viele seiner Gesuche an den Fürsten weiterleitete, und, ab 1781, Johann von Szentgály, der zur höchsten Position bei Hof aufstieg: er wurde Domänendirektor. Auch Szentgály war Haydn freundschaftlich verbunden.

Im persönlichen Dienste des Fürsten standen: die Kammerdiener, je zwei für den Fürsten und die Fürstin; je ein Page für ihn und für sie; der Mohr Frederich de August und der Zwerg Johann Siedler (meist Monsieur Jean genannt), der von Haydns jüngerem Bruder Johann Klavierunterricht erhielt (Johann sang Tenor, und es gelang Haydn, ihn im fürstlichen Dienst anzustellen). Unter den führenden Personen bei Hof sorgte der Ingenieur Nicolaus Jacoby für die Errichtung und Erhaltung der Gebäude in Eszterháza. Michael Kleinrath fungierte als Dekorateur und Schloßinspektor. Friseure, Jäger (Waffenexperten) und Musiker begannen oft ihre Karriere bei Hof als Kammerdiener.

«Haus-Officiere» durften sich außerdem nennen: der Haushofmeister sowie der obenerwähnte Kleinrath, der alle fürstlichen Schlösser und Festungen beaufsichtigte; der Bibliothekar; zwei andere Ingenieure; der Kellermeister; der Stallmeister; die fünf Hofköche; der Zuckerbäcker und seine beiden Gehilfen; die beiden «Officiers»-Köche – einer in Eisenstadt und einer in Eszterháza –, die das Essen für die Angestellten bereiteten; ferner der Küchenschreiber; der Kellerschreiber; der Hofkontrollor; der pensionierte Hauptmann des fürstlichen Infanterieregiments; drei Hofmaler (Basilius Grundmann, Kammermaler, der das erste bekannte Porträt von Haydn – sehr roh – malte; Friedrich Rhode, Zimmermaler; Pietro Travaglia, Theatermaler und -dekorateur, der die Bühnenbilder für die Opern Haydns und anderer Komponisten in Eszterháza schuf): der Theatermaschinist Pierre Goussard, dessen Nachfolge Paul Leeb antrat; der

Hoftapezierer; der Hofuhrmacher (der Fürst sammelte eifrig Uhren). Vom weiblichen Personal: die beiden Kammerjungfern, die beiden Wäschebehalterinnen und die Kammerwäscherin. Schließlich gehörten auch das gesamte Orchester und die Sänger zu der Gruppe von «Haus-Officieren». Haydns Name wurde jedoch bald von jedermann dermaßen respektiert, daß er in den zeitgenössischen Hoflisten (fälschlich) als Adeliger erscheint: «Herr von Haydn», «Monsieur de Haydn».

Die zweite Kategorie des Hofpersonals, einschließlich der Lakaien und Portiere, sei hier nur deshalb gestreift, weil ihr Haydns treuer Kopist Joseph Elssler zugeordnet war. Das ist der Grund, weshalb Elsslers Name nie unter der Gruppe der Musiker zu finden ist.

In der dritten und niedrigsten Klasse rangierten die «Stuben-, Zuckerbäcker- und Kuchlmenscher», Wagenmeister, Reitschmied und Pierutschkutscher, Leibkutscher, Vorreiter, Mitteljung und Reitknechte, je zwölf Postillione und Husaren der fürstlichen Poststationen (Ödenburg, Oggau, Eisenstadt, Groß-Höflein, Wimpassing, Wien) und – als Leibwache des Fürsten – die fürstlichen Grenadiere. Ein Hauptmann kommandierte sie in Eisenstadt. Eine Abteilung verrichtete auf Eszterháza unter einem Leutnant «Dienst im Theater».[5]

Haydns Orchester umfaßte 1780 vierundzwanzig Spieler: eine Flöte, zwei Oboen, zwei Fagotte, zwei Hörner (wahlweise zwei Trompeten und Pauken) und Streicher. Im allgemeinen war ein Dutzend italienischer Sänger engagiert. Außerdem fanden sich unter dem Hofpersonal immer genügend musikalische Leute, so daß Haydn unschwer Chöre für seine deutschen Marionetten-Opern zusammenzustellen vermochte. Im großen Theater wurden sowohl italienische Opern als deutschsprachige Theaterstücke gegeben, diese jeweils von Wandertruppen, die, vom Fürsten eingeladen, oft mehrere Monate hindurch im Schloß gastierten. Die berühmteste der Wandertruppen war jene von Carl Wahr; sie brachte

5 Aus J. Harich *Haydn Documenta (I)*, in Haydn-Jahrbuch 1963/64.

Shakespeare nach Eszterháza, dessen Stücke man in Übersetzungen hörte, die Fürst Nicolaus speziell beauftragt hatte. Im Marionettentheater, das der bekannte Dichter K. J. von Pauersbach organisierte und sogar einige Jahre hindurch führte, wurden die Opern stets in deutscher Sprache gegeben.

Inmitten all der phantastischen Prachtentfaltung gelang es Haydn sogar, eine eigene Marionettentruppe zu halten, die von sehr hohem Niveau gewesen sein muß. Es ist daher durchaus denkbar, daß Haydn die neuentdeckte Marionettenoper «Das abgebrannte Haus» («Die Feuersbrunst») für sein Privat-Marionettentheater geschaffen hat. Fürst Nicolaus dürfte jedenfalls viel davon gehalten haben, was aus seinem Brief an den Wirtschaftsdirektor von Rahier hervorgeht:

«Es ist mir wissend, daß der Capellmeister Haydn ein kleines Marionett Theater hat, welches er im vergangenen Fasching durch die Musicis hat spielen lassen. Da ich nun solches auf gleiche Art den 20igsten als der Vorabend meiner Frau ihres Geburtstag möchte von deme nemlichen im Schloss Eisenstadt produciren lassen.

Es wäre nothwendig mit dem Haydn die Sache alsogleich Jedoch solcher gestalt Richtig zu machen dass die Fürstin nichts davon erfahren möchte ... Wien den 13t Marty 1775 Nicolaus Fürst Esterházy.»

Für einige der im Schloß vorgeführten Theaterstücke komponierte Haydn die Bühnenmusik. Eine dieser Arbeiten ist erhalten geblieben, da er sie zu einer Symphonie umformte. Ursprünglich war das die Musik zu «Der Zerstreute», der deutschen Version von *Le Distrait* des Jean François Regnard (1655 bis 1709). Das Stück wurde im Sommer 1774 in Eszterháza erstaufgeführt und am 22. November 1774 in Preßburg durch die erwähnte Truppe Wahrs erstmals öffentlich wiedergegeben, wobei ein Satz (das nunmehrige Finale) wiederholt werden mußte.

Das «ungarische Versailles» Eszterháza zog kraft seiner Pracht und der darin prunkvoll arrangierten Feste Besucher an, die voll Bewunderung über ihre Eindrücke berichteten.

Die 1784 veröffentlichte «Beschreibung des Hochfürstlichen Schlosses Esterhäß im Königreiche Ungern» bekundet, wie sich die fürstliche Residenz den Augen der Zeitgenossen Haydns darbot:

«*Opernhaus.* Gleich beym Eintritte in dasselbe, führet eine sehr ansehnliche Hauptstiege, mit doppelten Aufgängen, und zierlichen eisernen Geländern, zu zween Eingängen in die Fürstliche Hauptloge, und zugleich auf die Gallerie. Nebenher sind beyderseits Kabineter, mit den daran befindlichen Retiraden.

Diese HAUPTLOGE, wird durch roht marmorirte Römische Säulen, die bis auf den dritten Theil mit vergoldeten Stäben verziert, deren Schäfte, und Kapitäler aber ganz vergoldet sind, unterstützet.

Der PLATFOND ist sehr niedlich gemalt, die GALLERIE aber mit geputzten Fußtafeln, und mit RÖMISCHEN WANDPFEILERN ausgeschmückt, deren Stellung beyderseits drey Kabineter formiren, zwischen welchen zween grosse Trümeaux stehen. Die Tische unter denselben sind von Marmor, auf denselben aber kostbare Uhren, und Vasen von Indianischem Porcellän, auch nebenher vergoldete prächtige Armleuchter.

Diese GALLERIE ruht auf zierlichen, von dem Boden sich in einen halben Zirkel erhebenden Tragsteinen. – Die Balüstrade ist ganz vergoldet, mit Kremoisinleder ausgeschlagen, auch alle Verzierungen stark vergoldet.

Vorn an dem Theater befinden sich noch beyderseits runde Logen, hinter denselben aber sehr artig ausgezierte Kabineter, mit Kaminen, Ruhebetten, Spiegeln, Uhren, und andern Nohtwendigkeiten, überaus kostbar eingerichtet. Auch diese Logen haben von außen besondere Aufgänge.

Zu dem PARTERRE sind die drey Eingänge neben einander, und dieser fast leicht vierhundert Zuschauer.

Das Theater kann mittelst VIER weißen, auf den Seiten angebrachten OEFEN geheitzet werden. Das Hauptkolorit desselben ist roht marmorirt, grün, und Gold; die vortreffliche Beleuchtung aber, auf Spiegelwandleuchtern.

Die äußere FAÇADE ist mit Römischen Wandpfeilern, und fünf runden Bogenthürenfenstern, wovon drey einen Risalit machen, verziert. Sie hat durchaus einen auf zwölf rein gearbeiteten Jonischen Säulen ruhenden BALKON, auf den man von den hintern Kabinetern kommen kann. Der AUFSATZ ist mit Gruppen von Geniis, die Paucken schlagen, und Trompeten blasen, auch mit Vasen und Blumengehängen verzieret.

Das eigentliche Theater, hat eine ansehnliche Breite und Tiefe. Hinter demselben sind zwey Zimmer zum Ankleiden für die Schauspieler, und an denselben die überaus prächtige und zahlreiche Garderobe.

Es wird täglich wechselweise sowohl italiänische Opera Seria, als Buffa, und deutsche Komödien gespielt, denen der Fürst immer beywohnt, und meist die Stunde um sechs Uhr Abends richtig hält. Es ist unbeschreiblich, wie sehr hier Augen und Ohren ergötzet werden. Durch die Musik, da das ganze ORCHESTER auf einmal ertönt, und bald die rührendste Delikatesse, bald die hefftigste Gewalt der Instrumente, die Seele durchdringt, – denn der große Tonkünstler, Herr HAIDEN, der als Kapellmeister in Fürstlichen Diensten steht, dirigiret dieselbe: aber auch durch die vortreffliche Beleuchtung, durch die täuschendsten Dekorationen, da bald Wolken mit Göttern von oben langsam herabsinken; bald letztere von unten heraufsteigen, und in einem Augenblicke verschwinden; bald alles in den anmuhtigsten Garten, in einen bezauberten Wald, in einen herrlichen Saal verwandelt wird. – Neben diesem Opernhause ist Ein wohleingerichtetes Kaffehaus.

*Das Marionettentheater.* Stehet dem Opernhause gegenüber, und ist ziemlich geräumig, jedoch ohne Logen, und Gallerie. Das ganze Parterre sieht einer Grotte ähnlich, indem alle Wände, Nischen, und Oeffnungen, mit verschiedenen Stuffen, Steinen, Muscheln, und Schnecken bekleidet sind, und wann es beleuchtet wird, einen sehr seltsamen, und auffallenden Anblick verschaffen.

Das THEATER ist ziemlich geräumig, die Dekorationen

überaus niedlich, auch die Puppen sehr gut gemacht, und prächtig gekleidet. – Man führt in demselben nicht nur Farçen, und Lustspiele, sondern auch Opera Seria auf, wie denn die verewigte MARIA THERESIA, der Oper Alceste, Ihren gnädigen Beyfall schenkte, und die augenblicklichen und unmerkbaren Verwandlungen bewunderte. Man hat auch die Belagerung von Gibraltar mit vieler Kunst und Ordnung vorgestellet. – Ein Theater, vielleicht das einzige in seiner Art.

Die Vorstellungen in diesem Theater sowohl, als in dem Opernhause, kann jedermann unentgeltlich genießen.»

In jenem Maße, in welchem des Fürsten Interesse an der Oper wuchs, nahm seine Faszination für das Baryton ab. Mit der Zeit zog Nicolaus die italienischen komischen Opern allen anderen vor, ausgenommen den Opern seines eigenen Kapellmeisters. Bald erreichte die Opernsaison in Eszterháza gewaltige Dimensionen. Beispielsweise wurden 1786 siebzehn Opern in 125 Aufführungen gezeigt, davon acht als Premieren. Haydn mußte den Erwerb von Musikstücken beaufsichtigen, die Partien kopieren lassen, die individuelle Ausbildung der Sänger durchführen und dazu noch alle Vorstellungen dirigieren. Außerdem revidierte und kürzte er die von ihm geleiteten italienischen Opern; er ersetzte deren schlechte Arien durch selbstkomponierte, verbesserte den dünnen Klang, der in vielen dieser Werke jener Periode vorherrschte, durch eine neue Orchestrierung, kurz: er gestaltete im allgemeinen die Musik um, seinem Geschmack und seinem ernsten und logischen Denken gehorchend. Es ist kaum zu fassen, daß Haydn obendrein noch zu komponieren vermochte! Aber gerade in der besonders ausgefüllten Saison des Jahres 1786 brachte er es zuwege, einige seiner schönsten Symphonien für Paris (Nr. 82, 84 und 86) und sechs exquisite *concerti* für den König von Neapel zu vollenden.

rechts: Quittung, die Joseph Haydn am 29. April 1773 ausstellte.

Ich Endes Unterschriebener bekenne hiemit, daß ich vermög der
von Sr. Hochfürstlichen Durchlaucht heraus gegebenen Decretation
die jenige von Sr. Durchlaucht weyland Fürst Antonj Esterhazy
hoch Seeligen angeordnete laut Testaments qua Hauß Officier
legirte Jahres besoldung per 400 f Sag. Vierhundert Gulden
aus der Hochfürstlichen General Cassa und Handen deß Ober-
Einnehmers Herrn Züsser baar und Richtig solcher gestalten
empfangen habe, daß weither an Hochfürstlichen Hauße nicht
die mindeste anforderung mehr machen könne.

Schloß Esterhaz den 29ten Aprill
1773.

Josephus Haydn m. p.ria
Capell Meister.

Das neue Theater in Eszterháza war bis zum Herbst 1768 fertiggestellt. Zur Eröffnung schuf Haydn seine erste auf das Schloßtheater abgestimmte Oper *Lo speziale*, eine erfrischende exotische Komödie des witzigen und ironischen Autors Carlo Goldoni, dessen Stücke Haydn in drei Fällen[6] benützte. Mit *Lo speziale* hielten Haydn und die Eszterháza-Truppe im März 1770 ihren Einzug in der Hauptstadt Wien. Das Haus des Barons Gottfried Freiherr von Sumerau war Schauplatz dieses ersten Wiener Gastspiels, bei dem Haydn einen außergewöhnlich großen persönlichen Erfolg erntete. Das *Wienerische Diarium* fand nur Worte des Lobes für die Musik und die Ausführungen.[7] 1769 begann Haydn eine neue Oper, wieder nach einem Thema von Goldoni. Eszterháza war nun für die erste glanzvolle Festlichkeit vorbereitet, bei der die Musik eine große Rolle spielte. Der äußere Anlaß dazu war die Hochzeit der Nichte des Fürsten, Gräfin Lamberg, mit Graf Poggi. Die Festivitäten dauerten drei Tage, vom 16. bis 18. September 1770. Es muß ein Märchen aus «Tausendundeine Nacht» gewesen sein, ein Schaugepränge, wie man es seit den Tagen von Lorenzo de' Medici wohl kaum wieder gesehen hatte. Das *Wienerische Diarium* vom 26. September 1770 schildert das Fest überschwenglich:

«In allen unseren Gesellschaften wird itzt von nichts als den herrlichen Festen gesprochen, welche des Hrn. Fürstens v. Esterházy Fürstl. Gnaden den 16. 17. und 18ten laufenden Monats in Dero prächtigem Schlosse Esterház, das einige Meilen von hiesiger Stadt entfernet ist, bey Gelegenheit der glücklich vollzohenen Vermählung der Fräule Gräfinn v. Lamberg, dero Nichte, mit dem Hrn. Grafen v. Poggi, haben veranstalten lassen ... Sonntags den 16ten dieses ... Nachmittags gegen 5 Uhr verfügte sich das hohe Brautpaar, unter

6 Die anderen sind *Le Pescatrici* und *Il mondo della luna*.

7 Die praktische Ausgabe wurde von der Universal Edition herausgegeben, die kritische Partitur erschien in der Haydn-Gesamtausgabe (G. Henle).

3. Vermutliches Szenenbild
einer Aufführung von Haydns Oper
«L'incontro improviso». Im Vordergrund links
Haydn, der seine Musiker vom Cembalo aus leitet

4. Freimaurerloge «Zur wahren Eintracht»,
in die Haydn 1785 aufgenommen wurde

Begleitung des Herrn und der Frauen Fürstinn ... in die fürstl. Hofkapelle, und empfieng da die priesterliche Einsegnung. Von dannen erhob sich die gesammte hohe Gesellschaft in das Schauspielhaus, allwo ein italiänisches gesungenes Lustspiel, le Pescatrici, oder die Fischerinnen, mit aller nur möglichen Geschicklichkeit und Kunst von den stäts in fürstl. Diensten stehenden Sängern, Sängerinnen, und Tonkünstlern mit allgemeinem und wohlverdienten Beyfalle aufgeführet wurde, wie denn auch bey dieser Gelegenheit der fürstl. Kapellmeister, der durch seine viele schöne Werke allschon sehr berühmte Hr. Hayden, aus dessen feurigen und schöpferischen Genie die Musik zu diesem Singspiele ihren Ursprung genommen, von allen anwesenden hohen Gästen die größten Lobeserhebungen zu erwerben, die Ehre gehabt ... Dienstags den 18. war Mittags wieder grosse Tafel von 40. Couverts, und gegen 6 Uhr Abends wurde die schon Eingangs ermeldete Opera Buffa, le Pescartrici, mit nicht minderen Beyfalle, wie das erstemahl, wiederholet.»

Haydns neue Oper, die erst 1965 wiederaufgeführt wurde, erfordert weitaus mehr Sänger als *Lo speziale*. Diesen Umstand nützte der Komponist für eine stattliche Anzahl von Ensembles; keine andere Oper Haydns hat so viele Ensembleszenen wie *Le Pescatrici*[8]. Nach all den Dekaden italienischer Opern, die meist dürftig einfallslos instrumentiert waren, muß Haydns wunderschön ausgeführter Orchesterpart damals wie eine Sensation gewirkt haben.

Haydns dritte Oper für Eszterháza, eine *Burletta* mit dem Titel *L'Infedeltà delusa*, entstand nach einem Text von Marco Coltellini, der aus der Toskana stammte und bemüht war, die Opernlibretti zu reformieren. In *L'Infedeltà delusa* begegnen uns viele sozial-revolutionäre Momente: die Helden und Heldinnen sind toskanische Bauern, die in der Nähe von Ripafratta leben, und der einzige Aristokrat der Oper ist die groteske Karikatur eines Edelmannes, der seine Diener

8 Herausgegeben von der Universal Edition Wien.

schlägt. In vieler Hinsicht darf man *L'Infedeltà delusa*, obwohl für einen kleineren Rahmen als *Le Pescatrici* konzipiert, zu den besten Opern Haydns zählen, da sie, wie Benjamin Brittens Kammeropern, den Hörer mit kleinem Aufwand geistreich unterhält. Die zweite Aufführung in Eszterháza fand in Gegenwart der Kaiserin Maria Theresia statt, die angeblich nach der Wiedergabe am 1. September 1773 gesagt haben soll: «Wenn ich eine gute Oper hören will, gehe ich nach Eszterháza.» Am nächsten Tag ihres Aufenthaltes überraschte Haydn die Kaiserin mit zwei von ihm komponierten neuen Marionettenopern: «Der Götterrath», deren Musik verlorenging, und «Philemon und Baucis», deren Musik vor wenigen Jahren wieder auftauchte.[9] Die Musik zu «Philemon und Baucis» zeigt, daß Haydn seine Marionettenstücke ebenso sorgfältig ausarbeitete wie seine italienischen Opern. In «Philemon und Baucis» lösen Arien und Duette, groß angelegte Ensembleszenen und Chöre einander ab. Einige Zeit später lud die Kaiserin die gesamte Marionetten-Truppe von Eszterháza zu einem Gastspiel im Schloß Schönbrunn ein.

Im Sommer 1775 veranstaltete Fürst Esterházy wiederum ein prächtiges Fest im Schloß Eszterháza. Die Ehrengäste, Erzherzog Ferdinand und seine Gattin Beatrice d'Este, wohnten am 29. August der Premiere von Haydns Oper *L'incontro improvviso*[10] bei. Das Werk von Carl Friberth (aus dem Französischen übersetzt) spielt im damals so beliebten Morgenlande. Haydn schrieb demnach eine «Türkische Musik» mit exotischem Kolorit, zusätzlichem Schlagzeug (Triangel, Zimbel, große Trommel) und oft wiederholten Terzenintervallen, wie sie etwa auch Mozarts Ouvertüre zur «Entführung aus dem Serail» orientalisch färbt. Das für *L'incontro improvviso* einzusetzende Orchester ist das größte, das Haydn in Eszterháza je zur Verfügung stand. Die Oper

9 Herausgegeben vom Bärenreiter Verlag, Kassel.
10 Herausgegeben vom Henle Verlag in der Haydn-Gesamtausgabe.

zeichnet sich vor allem durch viele schöne und kunstvolle Ensembleszenen aus.

1775 führte Haydn in Wien sein Oratorium *Il ritorno di Tobia* auf, worüber wir an anderer Stelle berichten. Der Erfolg, den er mit dem Werk hatte, trug Früchte: er empfing den Auftrag, für das Wiener Hoftheater eine Oper anzufertigen, die den Titel *La vera costanza* erhielt und vermutlich während des Jahres 1776 entstand.[11] Von Dies erfahren wir, was mit der Oper weiter geschah:

«Die Oper war vollendet. Natürlicher Weise hatte Haydn die Fähigkeiten, wie auch den Umfang der Stimme eines jeden Sängers erwogen, und die Stimmen darnach eingerichtet, daß sie anpassend seyn mußten. Wie groß war aber sein Erstaunen, da er sah, daß man seine Stimmenvertheilung für ungültig erklärte, und ihm bedeutete: er habe nicht das Recht, die Stimmen nach eigenem Gutdünken zu ver‹theilen›. Man wollte ihm nun eine andere Verteilung aufdringen. Haydn erwiederte: ‹ich weiß, was, und für wen ich schrieb›, ließ sich nichts aufdringen, und nahm seine Zuflucht zu dem Monarchen. Kaiser Joseph sah Haydn's Recht ein, suchte zu vermitteln; fand aber unglaublichen Widerstand, so, daß Haydn sich erklärte: ‹er wolle lieber die Oper nicht aufführen lassen, als noch länger gegen die Kabale kämpfen.› Haydn beschloß die heutige Erzählung mit den Worten: ‹ich gab die Oper nicht, packte ein, reiste zu meinem Fürsten, und erzählte ihm den ganzen Verlauf der Sache; der Fürst tadelte mein Verfahren nicht, sondern ließ die Oper zu Esterház im Jahre 1779 aufführen. Der große Kaiser Joseph war einer der Zuhörer.›»

1785 wurde *La vera costanza* in Eszterháza wieder in den Spielplan aufgenommen und entwickelte sich von nun an zu einer der populärsten Opern Haydns.

Im August 1777 ließ Fürst Nicolaus die Hochzeit seines zweiten Sohns (Graf Nicolaus) und der Gräfin Maria Anna

11 Die einzige verfügbare Ausgabe ist eine deutsche Bearbeitung vom Henschel Verlag, Berlin (Vertrieb im Westen durch Universal Edition).

Weissenwolf mit Haydns – wiederum auf Goldoni basierender – Oper *Il mondo della luna*[12] feiern. Diese große Festoper, die man in jüngster Vergangenheit sehr erfolgreich wiederaufgeführt hat, spielt – wie der Titel verrät – teilweise in einem fiktiven Mondland. Der Wechsel zwischen Märchen- und Realwelt läßt Haydns Phantasie und Humor weitesten Spielraum. Doch spitzt der Komponist die Burleske nie so zu, daß der Hörer die faszinierend schönen Stellen der Oper überhören könnte, etwa die umfangreich angelegte Ensembleszene am Ende des zweiten Aktes oder das poetische Liebesduett im dritten Akt, das als musikalischer Höhepunkt der Oper empfunden werden darf.

Ende 1779 brannte das Theater in Eszterháza nieder. Das Feuer zerstörte nicht nur die meisten Musikinstrumente, sondern auch einige von Haydns Manuskripten und wahrscheinlich alle Stimmen seiner vor 1779 geschriebenen Opern. (Haydn bewahrte offenbar die Autographe in seiner eigenen Wohnung auf, so daß Opern aus der Zeit vor dem Brand noch erhalten sind.)

Zu Fürst Nicolaus' Namenstag am 6. Dezember 1779 erklang Haydns neue Oper *L'isola disabitata*, mit einem Text des berühmten Metastasio[13], auf der provisorisch vergrößerten Bühne des Marionettentheaters. *L'isola disabitata* ist die einzige *opera seria*, die Haydn für Eszterháza geschrieben hat. Sie reüssierte nicht, obwohl sie einige interessante Neuerungen enthielt, wie zum Beispiel die Abschaffung aller *secco*-Rezitative, an deren Stelle *accompagnato*-Rezitative traten. Nach einer zweiten Vorstellung im Jahre 1780 verschwand die Oper für immer aus dem Repertoire in Eszterháza.

Bald nach dem Brand veranlaßte der Fürst, das Theater wieder aufzubauen. Dem neuen Haus gaben die Baumeister ein noch prunkvolleres Aussehen als dem alten. Haydn hatte die Ehre, es am 25. Februar 1781 mit der Uraufführung seiner

12 Herausgegeben vom Bärenreiter Verlag, Kassel.

13 Also nicht die (dreiaktige) Version von Goldoni (vgl. Musatti, a. a. O., S. 32). Goldonis Textbuch ist ein *dramma giocoso*.

*Musik . . .*

. . . ist das tägliche Brot für die Ohren, für die «Ohren der Seele», wie Herder sagte, ist «der Liebe Nahrung», wie Shakespeare schrieb.

Daß auch der übrige Mensch nicht darbe, dafür bedarf es anderer Noten. «Du brauchst ein Kapital», schrieb Beethoven in sein Tagebuch, denn sonst sehe die Haushaltung «einem Allegro di Confusione ganz ähnlich».

Oper *La fedeltà premiata* zu eröffnen. Das erfolggekrönte Werk wurde kurz danach in deutscher Übersetzung nicht minder beifällig im Erdödy-Theater zu Preßburg aufgenommen. Haydn legte in diesen Jahren von Oper zu Oper immer mehr Wert auf formal kompliziert gestaltete Finali, die allmählich enorme Ausmaße erreichten. Zuweilen bettete der Komponist in solche «gewichtige» Finali eine Art Rondo, eine Form, die er von der Instrumental- in die Vokalmusik übertrug.

Haydns folgende Oper, *Orlando Paladino*, wurde am 6. Dezember 1782 – abermals am Namenstag des Fürsten – erstaufgeführt. Auch sie erzielte außergewöhnliche Erfolge und machte, ins Deutsche übersetzt, die Runde durch alle Theater des deutschsprachigen Raums. Haydns Tendenz, den Ensemblefinali vermehrte Bedeutung beizumessen, kulminiert im langen und technisch sehr schwierigen Endteil des zweiten Aktes. Einige Experten meinen, *Orlando Paladino* sei Haydns bestes Bühnenwerk, da jede einzelne Rolle musikalisch feinst charakterisiert und ausgearbeitet ist.

Haydns letzte Oper für Eszterháza, zudem eine seiner kompliziertesten überhaupt, war *Armida*, uraufgeführt im Februar 1784. Wenige Tage darauf berichtete Haydn seinem Wiener Verleger Artaria: «Gestern wurde meine Armida zum $2^{ten}$ mahl mit allgemeinen Beyfall aufgeführt. Man sagt, es seye bishero mein bestes Werk.» Außer den sechs Sängern der Hauptpartien agierten noch Musiker, vier Mädchen und 24 Grenadiere in römischen und türkischen Kostümen auf der Bühne, andere acht Grenadiere hinter der Bühne. *Armida* erwies sich als eines der größten Zugstücke auf Eszterháza und stand mit 54 Aufführungen bis einschließlich 1788 im Repertoire.

Nach dem Tode seines Eisenstädter Amtsvorgängers Gregorius Joseph Werner (1766) widmete sich Haydn auch der Kirchenmusik. 1767 komponierte er sein bisher bestes und längstes Sakralwerk, das berühmte *Stabat Mater* in g-Moll. Er dirigierte es im Folgejahr in Wien. Für die dortige Aufführung erbat er über den fürstlichen Sekretär Anton Scheffstoß die Mitwirkung von Eisenstädter Sängern:

«Eisenstadt den 20ten Mertz / 1768

Wohl Edl gebohrn

Insonders Hochgeehrtister Herr!

Es wird Ihnen ohnehin beckant seyn, daß ich voriges Jahr den so hochschätzbaren Hymnum, Stabat Mater genant, in die Music nach allen meinen Kräften übersetzet, und Selben den grossen und weldberühmten Hasse aus keinen anderen absichten eingehändiget, als daß, in fall ich etwan die worth eines so grossen wehrts nicht genugsam solte ausgeübet haben, dieser mangel von einen in allen stücken so glücklichen Meister hierinfahls verbesseret werde: da mich aber wider meiner Verdienste dieser aus erlesene Ton:künstler mit unaussprechlichen lob über dieses werck beehrte, und sich nichts anderes als mit einer dazu gehörig wohl besetzten Music zu hören wünschete, dermahlen aber ein grosser mangel in Wienn an denen Sängern utriusque generis, gelanget danenhero durch Euer Wohl Edl meine unterthänigst gehorsambste bitt in Se Hochfürstl: Durchlaucht, Mich, den Weigl, und dessen Frau, und den Friberth künfftigen donerstag nach Wienn zu erlauben, um alda freytag nachmittag bey denen FFr:Miseric[14]: die Ehre unseres gnädigsten fürstens durch producirung seiner Diener zu befördern, samstag abends würden wir in Eisenstadt eintreffen: wan Se Durchlaucht befehlen, wolte alsobald stat den Friberth einen anderen hin-

14 FFr. Miseric: Barmherzige Brüder, deren Kirche sich in der Wiener Leopoldstadt befand.

abschücken: Liebster Mons: Scheffstoss bitte um beschleunigung meines ersuchens der ich mit aller veneration verbleibe

Euer Wohl Edlen

Ergebenster diener
Josephus Haydn mppria.

P:S: Mein Compliment an alle Messieurs. die versprochene Divertimenten werde S^e Durchl: diese wochen gewis einhändigen.»

1971 wurde in Bukarest das Autograph der *Caeciliaenmesse*[15] in C-Dur entdeckt. Dabei hat es sich herausgestellt, daß es sich bei dieser großen Kantatenmesse mit einigen der ausgefeiltesten Fugen Haydns in Wirklichkeit um eine Wallfahrermesse *Missa Cellensis In honorem Beatissimae Virginis Mariae* handelt, die bereits 1766 entstanden ist. Eine in dieser Zeit komponierte Messe (d-moll) ist verlorengegangen; nur mehr die Anfangstakte existieren, und zwar in Haydns eigenem thematischen Katalog. 1771 entstand das *Salve Regina* in g-moll für vier Solostimmen, Soloorgel und Streicher.[16]

Ein Jahr zuvor (1772) hatte er eine Messe für den Namenstag des Fürsten komponiert, die *Missa Sancti Nicolai* in G-Dur, eine kürzere Pastoralmesse für den Advent, die mit einem (allgemein beliebten) Kyrie im Sechsvierteltakt beginnt und damit einer Tradition folgt, wonach Weihnachtsmusik einem bestimmten Dreiertakt-Typ unterliegt (vergleiche hierzu das Finale von Corellis «Weihnachtskonzert» und das der «Pastoral Symphony» aus Händels «Messias»). Ungefähr 1775 reifte eine weitere kleine Messe, offenbar der Kapelle des Eisenstädter Kapitels des Ordens der Barmherzigen Bürder zugedacht: die *Missa S. Joannis de Deo* (Hl. Johannes von Gott, der Schutzheilige des Ordens).[17] Das Benedictus, des-

15 Herausgegeben von der Universal Edition, Wien.

16 Eine kritische Ausgabe wurde vom Verlag Doblinger, Wien, veröffentlicht.

17 1540 stiftete der Portugiese Joan di Dio den Orden der Barmherzigen Brüder in Granada. Juan di Dio wurde 1640 kanonisiert.

mundi peccata mundi misere re misere re
miserere miserere no- bis
Agnus Dei qui tollis qui tollis peccata mundi pe
= cata mundi
Allegretto
Dona nobis pa= cem dona dona no bis pa=cem do na. pa=
= cem pa = cem no bis pa= cem dona dona nobis pa = cem dona no bis
pa= cem dona no bis pa= cem pa = cem dona no bis pa cem pa =
= cem pacem do na no bis pa cem pa= cem dona nobis
pacem pa= cem dona nobis pacem.

sen Länge der damalige katholische Ritus bestimmte, enthält ein kunstvolles Orgelsolo, das Haydn vermutlich selbst hatte interpretieren wollen. Dieses Solo trug dem Werk in den deutschsprachigen Ländern den Namen «Kleine Orgelsolo-Messe» ein.

Sieben Jahre danach, 1782, entstand Haydns letzte Messe vor seiner Rückkehr aus England (1795): die *Missa Cellensis* («Mariazeller Messe») für die berühmte Wallfahrtskirche in Mariazell, Steiermark. Auf unnachahmliche Weise verbindet sie einfache, volkstümliche Weisen (etwa die Sopran-Melodie am Beginn des Allegroteils im Kyrie) mit meisterhaft geschichteter Kontrapunktik (beispielsweise die glanzvolle Schlußfuge der Messe), eine Arbeitsweise, welche die Popularität der *Missa Cellensis* sehr gefördert hat.

1775 reiste Haydn mit einigen seiner Sänger und Musiker nach Wien, um sein neues Oratorium *Il ritorno di Tobia* zu dirigieren. Die beiden Aufführungen am 2. und 4. April im Kärntnertor-Theater standen unter der Patenschaft der angesehenen Tonkünstler-Sozietät, die den Ertrag der Konzerte wohltätigen Zwecken zuführte. Dem Oratorium wurde laut Bericht der *K. k. priv. Realzeitung der Wissenschaften (1775, Nr. 14)* höchste Bewunderung zuteil:

«Der berühmte Herr Kapellmeister Hayden hat durch das von ihm in Musik gesetzte und den 2. und 4. dieses aufgeführte Oratorium, genannt ‹Die Wiederkunft des Tobias› allgemeinen Beyfall erhalten,und seine bekannte Geschicklichkeit abermals auf der vorteilhaftesten Seite gezeigt. Ausdruck, Natur und Kunst war durchgängig in seiner Arbeit so fein verwebt, daß die Zuhörer das eine lieben und das andere bewundern mußten. Besondes glühten seine Chöre von einem Feuer, das sonst nur Händeln eigen war, kurz, das ge-

links: Baßstimme in Joseph Elsslers und Joseph Haydns Handschrift aus dem ursprünglichen Aufführungsmaterial der «Nicolai-Messe» (1772). Das «Dona nobis pacem» wurde erst später hinzugefügt.

Ignaz Pleyel (1757 bis 1831),
Haydns Schüler

sammte, außerordentlich zahlreiche Publikum wurde entzückt, und Hayden war auch da der große Künstler, dessen Werke in ganz Europa beliebt sind, und in welchem Ausländer das Originalgenie dieses Meisters erkennen.»

Die «Ausländer» meldeten sich denn auch mit Aufträgen: 1785 wurde Haydn aus Cádiz (Spanien) gebeten, eine Fastenmusik zu liefern. Zu späterer Zeit berichtete er, auf welche Weise die bestellte Komposition – sie heißt «Die sieben Worte des Erlösers am Kreuze» – zu hören war:

«Es sind ungefähr fünfzehn Jahre, dass ich von einem Domherrn in Cadix ersucht wurde, eine Instrumentalmusik auf die sieben Worte Jesu am Kreuze zu verfertigen. Man pflegte damals alle Jahre während der Fastenzeit in der Hauptkirche zu Cadix ein Oratorium aufzuführen, zu dessen verstärkter Wirkung folgende Anstalten nicht wenig beytragen mussten. Die Wände, Fenster und Pfeiler der Kirche waren nehmlich mit schwarzem Tuche überzogen, und nur Eine, in der Mitte hängende grosse Lampe erleuchtete das heilige Dunkel. Zur Mittagsstunde wurden alle Thüren geschlossen; jetzt begann die Musik. Nach einem zweckmässigen Vorspiele bestieg der Bischof die Kanzel, sprach eines der sieben Worte aus, und stellte eine Betrachtung darüber an. So wie sie geendiget war, stieg er von der Kanzel herab, und fiel knieend vor dem Altare nieder. Diese Pause wurde von der Musik ausgefüllt. Der Bischof betrat und verliess zum zweyten, drittenmale u.s.w. die Kanzel, und jedesmal fiel das Orchester nach dem Schlusse der Rede wieder ein. Dieser Darstellung musste meine Composition angemessen seyn. Die Aufgabe, sieben Adagio's wovon jedes gegen zehn Minuten dauern sollte, aufeinander folgen zu lassen, ohne den Zuhörer zu ermüden, war keine von den leichtesten; und ich fand bald, dass ich mich an den vorgeschriebenen Zeitraum nicht binden konnte. Die Musik war ursprünglich ohne Text, und in dieser Gestalt ist sie auch gedruckt worden . . .»

Es obliegt uns noch, Haydns weltliche Instrumentalmusik der Jahre 1766 bis 1790 zu betrachten. Während dieser Zeitspanne beginnt die symphonische Form, der doch bis etwa 1765 sein Hauptaugenmerk galt, sukzessiv einen untergeordneten Platz in seinem Schaffen einzunehmen. Zwar stehen bis knapp nach 1770 die Symphonien immer noch im Zentrum seines künstlerischen Interesses, und in der Tat stammen viele seiner bislang besten Werke aus dieser Zeit; mit dem Ende der sechziger Jahre aber zeichnet sich in seinem Stil ein grundlegender Wandel ab, es beginnt eine Schaffensperiode, die einige deutsche Kritiker als «Sturm und Drang-Zeit» bezeichnet haben. Wie dem auch immer sei: der geistige Gehalt von Haydns Musik vertieft sich, der Einsatz des Kontrapunktes mehrt sich. Es ist ein denkwürdiges Faktum, daß diese plötzliche – fast ließe sich sagen: zwingende – Beschäftigung mit älteren polyphonen Formen sowohl Haydns Musik als auch die seiner Zeitgenossen beeinflußt, was unschwer aus den Fugenquartetten von Florian Leopold Gassmann und Carlos d'Ordoñez herausgelesen werden kann, desgleichen aus dessen vortrefflichen Moll-Symphonien sowie aus jenen von Johann Baptist Vanhal.[18]

Haydns neuorientierter und vertiefter Stil dokumentiert sich in fast allem, was er rund um 1770 komponierte. Seit einigen Jahren hatte er keine Streichquartette mehr komponiert. 1769 aber schrieb er wieder eine Serie von sechs Quartetten, die als op. 9 bekannt wurden; von ihnen ist besonders das in d-moll inhaltlich und stilistisch unendlich weit von den leichten, modisch-eleganten Stücken aus op. 1 und 2 entfernt. 1771 komponierte Haydn nochmals sechs Streichquartette, als op. 17 publiziert, und abermals bedeutet deren Gestaltung

18 Eine neue Ausgabe der Symphonie in g-moll von Vanhal, die wie Haydns Symphonie Nr. 39 in g-moll mit vier Hörnern besetzt ist, wurde vom Verlag Doblinger, Wien, veröffentlicht. Einige Werke von d'Ordoñez werden in nächster Zeit herausgegeben.

einen gewaltigen Fortschritt. Haydn hat nun seinen neuen Streichquartett-Stil völlig von dem seiner früheren fünfsätzigen *divertimenti* losgelöst und ihm viel von der thematischen Konzentration einverleibt, durch die sich die Symphonien der späten sechziger Jahre auszeichnen. Der Höhepunkt der Entwicklung wird erstaunlich schnell und sicher schon ein Jahr später mit neuerlich sechs Quartetten (als op. 20 veröffentlicht) erreicht, deren ernste Grundstimmung durch gelegentlich durchschimmernde Fröhlichkeit gelockert ist. In ihnen herrscht jenes wunderbare Verschmelzen von barockem Kontrapunkt mit dem von der «Wiener Klassik» inaugurierten Prinzip der thematischen Entwicklung, das vornehmlich Haydns Reifestil prägt. Das Opus 20 verfügt über kontrapunktisch reichhaltige Fugen, die – sowie auch einige Sätze – in den Autographen manchmal sonderbar betitelt sind, etwa die Schlußfuge des op. 20, Nr. 2, C-Dur, der Haydn das Signum *Sic fugit amicus amicum* gab, was verschiedentliche psychologische Mutmaßungen hervorrief.

Nach diesem Höhepunkt schrieb Haydn neun Jahre lang, bis 1781, keine Streichquartette mehr. Wie das oft bei einem großen Komponisten geschieht, hatte sich sein Intellekt in der dazwischenliegenden Zeit trotzdem mit dieser Musikform beschäftigt, und die nunmehrigen Quartette waren, wie Haydn selbst sagte, «auf eine gantz neue besondere art» geschaffen.

Eine ähnliche Entwicklung ist bei den Symphonien verfolgbar. In der Symphonie Nr. 26 *(Lamentatione)* greift Haydn im ersten und zweiten Satz zur Gregorianik: das zweite Thema des ersten Satzes, ein Passions-Choral aus dem späten Mittelalter, wurde zu Haydns Zeit noch gesungen; der zweite Satz enthält den Gregorianischen Choral *Incipit lamentatio* aus der Klage des Jeremias, eine Melodie, die Haydn besonders schätzte.

Daß er die Moll-Tonarten nun bevorzugte, ist charakteristisch für diese Periode. Die Symphonien in f-, c-, g-, e- und fis-moll bezeugen das. Seine Sprache wird männlicher und

Symphonie Nr. 102: erste Musikseite des Autographs.

profilierter, die kontrapunktische Stimmführung häufiger. Viele seiner Symphonien aus diesem Zeitraum setzen mit einem starken Unisono-Thema ein. Haydns kräftig aufblühendes Genie versuchte sich damals auf allen Gebieten: 1771 schrieb er jene Klaviersonate in c-moll (seine erste uns erhaltene Moll-Sonate überhaupt; C. Landon Nr. 33, Päsler Nr. 20), die zu Brahms eine Brücke schlägt.

Gegen Ende des Jahres 1784 suchte Haydn um die Mitgliedschaft bei den Freimaurern an; er wurde am 11. Februar 1785 in eine Wiener Loge aufgenommen. In jenen Tagen entspann sich auch die enge Freundschaft zwischen Haydn und Mozart, der ihm seine meisterhaften sechs Quartette von 1785 widmete. Damals versicherte Haydn Leopold Mozart, daß er dessen Sohn Wolfgang für den größten ihm bekannten Komponisten halte. Die beiden Genies fühlten sich durch die gleiche bittere Erfahrung, daß ihren schwierigeren und intellektuell wertvolleren Werken die Unmenge mittelmäßiger bis drittklassiger Kompositionen gleichgestellt oder sogar vorgezogen wurde, miteinander verbunden. Als Mozart *Così fan tutte* probte, lud er nur Haydn und den Freimaurerbruder Michael Puchberg ein, seine Musik anzuhören.

Das Ausland meldete sich aus Paris bei Haydn: von dort erhielt er 1785 jenen Auftrag, dem wir die sechs «Pariser Symphonien» (Nr. 82 bis 87) verdanken – sein künstlerischer Beitrag zur Freimaurerei; sie erklangen erstmalig in der Pariser Freimaurerloge «Olympique» vor einem begeisterten Publikum. Auch alle anderen Symphonien, die er noch von seinem Londoner Aufenthalt schrieb, waren für Paris bestimmt, wohin Tost, ein Violinist des Esterházy-Orchester, die Nummern 88 und 89 brachte. Die Symphonien Nr. 90 und 92, die letzten drei von den Londonern, komponierte Haydn für den Grafen d'Ogny und verkaufte sie hinterher an den Fürsten Oettingen-Wallerstein, seinen langjährigen leidenschaftlichen Bewunderer. Die Nummer 92, «Oxford-Symphonie», errang, nachdem sie von Haydn ein einziges Mal an der Universität von Oxford dirigiert worden war, Weltberühmtheit.

Notturno in C für den König von Neapel, 1790: Kopie mit Änderungen, die Haydn in London hinzufügte. An Stelle der ursprünglichen Lira I und II kamen 2 Flöten, an Stelle der Klarinetten Violinen, an Stelle des «Basso» ein Violoncello. In der untersten Zeile komponierte Haydn eine eigene Kontrabaßstimme dazu.

Zugleich mit seinen erfolgreichsten Opern entstanden auch Haydns populärste Konzerte, das eine, D-Dur, für Klavier (zirka 1780?), das andere, ebenfalls D-Dur, für Violoncello (1783). Haydn hatte bisher verhältnismäßig selten Konzerte komponiert; alle bisherigen waren Frühwerke aus den Jahren 1760 bis 1765.[19] Was immer der Grund gewesen sein mag, daß Haydn ein weiteres Konzert für ein Tasteninstrument in Angriff nahm: es geriet zu einem Meisterwerk, dessen langsamer Satz voll poetischer Schönheit ist. Das Konzert schließt mit einem ungarischen Finale (Haydn machte gelegentlich Anleihen bei ungarischer und zigeunerischer Musik, wie zum Beispiel im Menuett des Streichquartetts op. 20, Nr. 4, oder im markanten Finale des G-Dur-Trios, das er in England schrieb). Das Violoncello-Konzert D-Dur, dem führenden Violoncellisten des Esterházy-Orchesters Anton Kraft zugedacht, ist zwar technisch schwierig, doch musikalisch etwas kraftlos. Die besten Konzerte dieser Periode sind die delikaten und melodiösen Lyrenkonzerte, die Haydn 1786 für den König von Neapel schrieb.[20]

Der hochintellektuelle wie intime Stil, der Haydns Streichquartette dieses Zeitabschnitts (op. 50, 54, 55, 64) auszeichnet, findet sich auch bei den Klaviersonaten, besonders in zwei hervorragenden Werken, der Klaviersonate C-Dur (C. Landon Nr. 58, Päsler Nr. 48), 1789 komponiert für Breitkopf & Härtel (Leipzig), und der großen Es-Dur-Sonate (C. Landon Nr. 59, Päsler Nr. 49), 1790 für Marianne von Genzinger geschrieben.

1789 knüpfte Haydn eine enge Freundschaft mit Marianne von Genzinger (deren Gatte einer der Hausärzte von Fürst

19 Die drei Violinkonzerte in C, G und A sind aus dieser Periode, sowie auch ein Hornkonzert in D (1762); ein weiteres Hornkonzert in D ist von etwas zweifelhafter Authentizität. Die drei Orgelkonzerte wie auch einige Cembalokonzerte und ein Doppelkonzert für Violine und Cembalo in F wurden wahrscheinlich vor 1760 geschrieben. Das beste der frühen Konzerte ist jenes für Cello in C, das kürzlich in Prag entdeckt wurde.

20 Veröffentlicht im Verlag Doblinger, Wien–München.

Nicolaus war), und dem lebhaften Briefwechsel zwischen den beiden verdanken wir aufschlußreiche Schilderungen des täglichen Lebens auf Eszterháza.

Haydn hatte bis in diese Jahre Manuskriptkopien an Klöster und Fürstenhäuser verkauft und sich solcherart ein zusätzliches Einkommen verschafft. Nun aber begann er direkt mit Verlegern wie Artaria und Torricella in Wien, Forster in London sowie Sieber und Boyer in Paris zu verhandeln, was bedeutete, daß nicht mehr wie früher seine Werke ohne sein Wissen gedruckt und verbreitet werden konnten. Von seinen Kompositionen waren vor allem in Frankreich viele Ausgaben im Umlauf, die Haydn wahrscheinlich gar nicht kannte. Tatsächlich war man in Frankreich derart begierig, neue Musik von Haydn zu hören, daß häufig Werke anderer Komponisten (Dittersdorf, Michael Haydn, d'Ordoñez usw.) als die seinen veröffentlicht wurden. Der Fürst schien Haydns Weiterverkauf eigener Werke – und die daraus resultierende Gehaltsverbesserung – stillschweigend geduldet zu haben, obwohl das dem Vertrag mit den Esterházys eigentlich widersprach.

1790 erteilte der König von Neapel noch einen Auftrag an Haydn: eine Reihe von Notturni zu liefern, die dieser in der sommerlichen Stille seiner letzten Saison auf Eszterháza vollendete. Haydn bereitete damals gerade Mozarts Oper *Le nozze di Figaro* vor, die jedoch nur drei Aufführungen im August und September 1790 erlebte, da am 28. September der alte Fürst starb und die Opernspielzeit jäh abgebrochen wurde. Haydn verfaßte, vermutlich für des Fürsten Trauergottesdienst, ein schönes, sehr streng strukturiertes, 1966 in der Eisenstädter Stadtpfarrkirche wiederentdecktes *Libera me.*[21]

Nach des Fürsten Tod vermochte nichts mehr Haydn an Eszterháza zu fesseln. Sobald wie möglich übersiedelte er nach Wien, wo eines Tages ein Fremder an seine Tür klopfte und sich als der aus Bonn stammende Impresario Johann

21 Herausgegeben von der Universal Edition, Wien.

Johann Peter Salomon,
Haydns Londoner Impresario

Peter Salomon (1745–1815) vorstellte. Salomon, der in England zunächst als Violinist eine glänzende Karriere gemacht hatte, war gekommen, um Haydn mit nach London zu nehmen, und da Fürst Anton Esterházy die aktiven Dienste seines Kapellmeisters nicht mehr benötigte, fiel diesem der Entschluß leicht. «Aber du verstehst doch die Sprache nicht», gab Mozart zu bedenken. Haydn erwiderte: «Meine Sprache versteht die ganze Welt.» Beim Abschiedsessen weinten beide, und Mozart sagte, von einer plötzlichen Vorahnung befallen: «Wir werden uns nie wiedersehen.» Am 15. Dezember 1790 reisten Haydn und Salomon nach London ab – das größte Abenteuer in Haydns Leben nahm seinen Anfang.

# London 1791–1792, 1794–1795

Haydn sagte oft, die Jahre in England seien die glücklichsten seines Lebens gewesen. Er hatte gute Gründe für diese Behauptung. Als er 1790 aus dem Dienst des Fürsten Esterházy ausschied, betrugen seine Ersparnisse kaum mehr als zweitausend Gulden, und das nach fast dreißig Jahren anstrengender und unablässiger Arbeit! Seine finanzielle Lage war eigentlich – abgesehen von seiner Pension – nicht viel besser als jene Mozarts, obwohl Haydn ein tüchtigerer Geschäftsmann als dieser war und seine Aussichten im Hinblick auf London vielleicht rosiger schienen. Jedenfalls war es England, das Haydn unabhängig, reich und berühmt machte, da sein Name hauptsächlich durch die sogenannten «Salomon»- oder «Londoner»-Symphonien in alle Welt getragen wurde.

Anfang Januar 1791 kam Haydn in London an. Er beschrieb seine ersten Eindrücke in einem Brief vom 8. Januar an den Fürsten Esterházy:

«Durchlauchtigster Reichs Fürst!

Berichte in unterthänigkeit, wie daß ich ohneracht der unangenehmsten witterung und sehr vielen schlechten weegen durch die ganze Reise den 2[tn] Jenner dieses glücklich und gesund in London angelanget bin; meine Anckunfft machte grosses aufsehen, und verursachte, daß ich noch an selben abend meiner anckunfft ein grösseres quartier beziehen muste: ich bin mit Visiten dergestalt überhaufft, daß ich die revisiten kaum in 6 wochen werde erwiedern könen; es waren beede H. gesandte bey mir, nemblich Fürst Castelcicala v. Neapl, und H. Baron v. Stadion. ich hatte auch schon die gnade das Mittagmahl bey beeden um 6 uhr abends einzu nehmen: das neue opern büchl so ich zu Componiren habe, betitult sich Orfeo in 5 Acten, welches ich aber erst dieser tagen erhalten werde, dasselbe soll von einer ganz andern arth

London Bridge,
wie sie Haydn bei seinem ersten Besuch 1791 sah

seyn, als jenes v. Gluck, die Prima Donna nent sich Madam Lops aus München und eine schüllerin der grossen Mingotti, Seconda Donna ist Madam Capelletti. Primo Hommo macht der berühmte Davide. die Opera ist nur in 3 Personen als, Madam Lops, Davide, und einen Castraten, welcher aber nicht sonderlich seyn solte. übrigens aber soll die Opera sehr mit Chören, und Ballets und vielen grossen Veränderungen verflochten seyn: in 14 tagen wird die Erste opera Pirro v. Paisiello gegeben werden. die Concerten werden erst künftiges Monath den 11$^{\text{tn}}$ Februari Ihren anfang nehmen, worüber ich Euer Durchl. nachhero das mehrere gehorsamst überschreiben werde, unterdessen bin ich

Euer Hochfürstl. Durchl.
unterthänigst gehorsamster
Joseph Haydn mppria

London. den 8$^{\text{tn}}$ Jenner 1791

Ich Erdreiste mich meinen unterthänigsten Handkuß an die schönste Frau Fürstin, hochDero liebenswürdigste Gattin, wie auch an die Fürstin Marie und hochDero gemahl zu vermelden.

meine Addreß ist unmassgeblich
N$^{\text{ro}}$ 18 Great Pulteney Street
Golden Square
London.»

Die neue Oper war *L'anima del filosofo* mit dem Untertitel *Orfeo ed Euridice*. Auf Grund der Rivalität zwischen den beiden Londoner Opernhäusern – eines genoß die Patronanz des Königs George III., das andere jene des Prinzen von Wales (des späteren Königs George IV.) – wurde, soviel wir wissen, Haydns letzte und in mancher Hinsicht revolutionäre Oper zu seinen Lebzeiten niemals gespielt. (Die Erstaufführung fand 1951 in Florenz im «Maggio Musicale» mit Maria Callas und Boris Christoff unter der Leitung von Erich Kleiber statt.) Da der Stoff zu einer *opera seria* verarbeitet wurde und der Librettist Carlo Francesco Badini als Dichter unzu-

König George III. (1738 bis 1820)

längliche Qualitäten aufwies, war auch Haydns letzte Oper – wie Mozarts *La clemenza di Tito* – dazu verurteilt, auf der Bühne erfolglos zu sein; die geniale Musik vermochte das schwache Libretto nicht zu retten. Haydn verarbeitet in dieser Oper alle jene Ideen für die Bühnenmusik, deren Verwirklichung ihm früher im Esterházy-Theater versagt blieb. Nun stand ihm ein großer und gut geschulter Chor zur Verfügung, den er die ganze Oper hindurch in der Art eines griechischen Chores einsetzte: meist ließ er ihn die Handlung kommentieren, manchmal auch an ihr teilnehmen. Das Orchester war das größte, das Haydn bisher verwendet hatte. Es bestand aus Flöten, Oboen, zwei Englisch-Hörnern (Instrumente, die zu jener Zeit in London noch unbekannt waren), Klarinetten, Fagotten, Hörnern, Trompeten, Posaunen, Pauken, Cembalo, Harfe und Streichern.

Haydn arbeitete von Januar bis Anfang Juni 1791 an seiner neuen Oper und hatte offensichtlich nicht viel Zeit für anderes. Dennoch schrieb er zwei neue Symphonien für die erste Saison der Salomon-Konzerte, Nr. 96 und Nr. 95[22]. In den von Salomon organisierten Abonnementkonzerten wirkte Haydn mit, der «am Pianoforte die Aufführungen leitete»; auch die damals berühmtesten Sänger wie Giacomo Davidde (Tenor), Nancy Storace (Mozarts erste Susanna) sowie namhafte Instrumentalsolisten waren beteiligt. Im übrigen brachte Haydn eine große Anzahl von bis dahin in England unbekannten Kompositionen nach London mit: Arien, Streichquartette (jene aus op. 64, die er 1790 komponiert hatte), die *notturni* für den König von Neapel aus dem Jahre 1790, die er für London umschrieb, sowie vieles andere.

Das erste Konzert fand am 11. März 1791 statt. Das Programm dazu lautete:

«HANOVER-SQUARE. MR. SALOMON hat die große Ehre, die

22 Die chronologische Reihenfolge der ersten sechs Londoner Symphonien müßte dringend revidiert werden; sie wurden in folgender Reihenfolge komponiert: Nr. 96 (1791), Nr. 95 (1791), Nr. 93 (1791, aufgeführt 1792), Nr. 94 (1791, aufgeführt 1792), Nr. 98 (1792) und Nr. 97 (1792).

hohe Noblesse und das verehrungswürdige Publikum untertänigst darauf aufmerksam zu machen, daß nunmehr seine KONZERTE ohne weiteren Verzug am nächsten Freitag, den 11. März, stattfinden werden und auch jeden kommenden Freitag konzertiert werden wird.

PART I.
Overture – Rosetti.
Song – Sig[nor] Tajana.
Concerto Oboe – Mr. Harrington.
Song – Signora Storace.
Concerto Violin – Madame Gautherot.
Recitativo and Aria – Signor David [composed by Rusi].

PART II.
New Grand Overture – Haydn.
Recitative and Aria – Signora Storace.
Concertante, Pedal Harp and Pianoforte – Madame Krumpholtz and Mr. Dusseck,
Composed by Mr. Dusseck.
Rondo – Signor David [Composed by Andreozzi].
Full Piece – Kozeluck [sic.]
Mr. HAYDN will be at the Harpsichord.
Leader of the Band, Mr. SALOMON.

Die Eintrittsbilletts können nur – wie auch früher gebräuchlich – von Damen an Damen oder Cavalieren an Cavaliere weitergegeben werden. Die Damenbilletts sind grün, die der Cavaliere schwarz.

Die Abonnenten werden geziemend ersucht, Orders zu geben, daß die Kutscher die Wagen beim Seitentore abzustellen haben und die Köpfe der Pferde nach dem Platz zeigen müssen. Der Haupteingang ist für Sänften freigehalten.»

In den Hanover Square Rooms fanden Haydns Konzerte statt

Die Pressestimmen waren enthusiastisch, und im *Diary* können wir folgendes lesen:

«Das lang erwartete Konzert, das dieses Jahr Mr. SALOMON veranstaltete, fand gestern Abend vor einem zahlreichen und erlesenen Auditorium statt. Die Direktion des großen HAYDN versprach den Connoisseurs ein wahres Vergnügen und ein musikalisches Fest; sie wurden nicht enttäuscht ... Eine neue große Ouverture von HAYDN wurde äußerst applaudiert und universell sowohl angenehm als auch kunstvoll empfunden. Das Publikum war so begeistert, daß auf allgemeinen Wunsch der zweite Satz wiederholt werden mußte, und auch der dritte Satz hätte ein zweites Mal gespielt werden müssen, wenn nicht die Bescheidenheit des Compositeurs dieses *da capo* allzu streng verhindert hätte.»

Aus einem zeitgenössischen Tagebuch ist eine interessante Beschreibung der Neuarrangierung des Orchesters durch Haydn überliefert:

«... Endlich kam der langersehnte Abend, und da ich darauf bedacht war, in der Nähe der Ausführenden zu sitzen, ging ich sehr früh. Mr. Papendiek kam von der Suite der Königin nach, und ich erhielt einen ausgezeichneten Platz auf einem Sofa auf der rechten Seite. Das Orchester war nach einem neuartigen Schema placiert. Das Pianoforte war in der Mitte, auf beiden äußeren Enden die Kontrabässe, sowie auf jeder Seite zwei Violoncelli, dann zwei Bratschen und zwei Violinen, und hinter dem Klavier ein Pult auf einer hohen Plattform für Salomon mit seinem *ripieno*. Im Hintergrund, an jedem der beiden Enden dreieckig gruppiert, waren alle Instrumente verdoppelt, womit die nötige Anzahl für ein volles Orchester gegeben war. Noch weiter hinten, auf einem erhöhten Podium, waren die Pauken und auf jeder Seite die Trompeten, Posaunen, Fagotte, Oboen, Klarinetten, Flöten etc. in der Anzahl, wie sie jeweils für die Symphonien und andere Musik, die an den verschiedenen Abenden gespielt werden sollte, vonnöten war.

... Der zweite Teil mußte unbedingt mit einer neuen für

Joseph Haydn um 1791. Ölgemälde von Ludwig Guttenbrunn

den jeweiligen Abend komponierten Symphonie eröffnet werden. Haydn dirigierte natürlich seine eigenen Werke und für gewöhnlich auch die der anderen Komponisten, also den ganzen Abend hindurch.

Die Hanover Square Rooms haben ein Fassungsvermögen von 800 Personen, exklusive der Ausführenden. Zu Beginn des zweiten Teiles nahmen wir an, daß nun alle, die je die Absicht gehabt hatten zu kommen, anwesend waren, hofften jedoch immer noch, daß während des Abends weitere Abonnenten hinzukommen würden, da wir wußten, daß Salomons Subskriptionslisten nicht voll waren. Doch nein; ich bedaure sehr von meinen Landsleuten sagen zu müssen, daß sie nur ungern ihr Geld ausgeben, bevor sie wissen, welchen Gegenwert sie dafür erhalten werden . . .

Nun war der spannende Moment gekommen; als Salomon mit seinem Bogen Aufmerksamkeit erbeten hatte, erhob sich die Gesellschaft wie ein Mann und blieb während des ganzen ersten Satzes stehen. Die Wirkung war imponierend. Man möchte meinen, daß alle Instrumente eine *obbligato* Partie hatten, so perfekt war das Zusammenspiel . . . Salomon war außer sich vor Begeisterung. Der Beifall war groß. Das Publikum war befriedigt und Haydn wurde gefeiert, wie es ihm zukam.»[23]

Bald wurde Haydn vom Prinzen von Wales empfangen. Die Londoner Gesellschaft erkor den Komponisten zu ihrem Liebling. Ende Mai 1791 wurde in der Westminster Abbey ein großes Händel-Festkonzert mit einem riesigen Ensemble (Chor und Orchester ergaben tausend Mitwirkende) veranstaltet, dem Haydn beiwohnte. Es wird berichtet, daß er bei dem «Halleluja»-Chor aus dem «Messias» «wie ein Kind geweint» habe, wobei er ausgerufen haben soll: «Hier ist unser aller Meister!»

23 Court and Private Life in the Time of Queen Charlotte: being the Journals of Mrs. Papendiek, Assistant Keeper of the Wardrobe and Reader to Her Majesty, Edited by her Grand-daughter, Mrs. Vernon Delves Broughton, London, 2 vol., 1886–87, II, pp. 294ff.

5. Porträt Joseph Haydns,
das John Hoppner 1791 auf Bestellung des Prince of Wales malte

6. In der Bergkirche zu Eisenstadt
wurden Haydns letzte Messen uraufgeführt

Der spätere König George IV.
(1762 bis 1830) als Prince of Wales

Es war leicht, den Komponisten dazu zu überreden, noch eine weitere Saison in London zu wirken. Im Juli verlieh ihm die Universität von Oxford den Titel eines Doktors der Musik *honoris causa.* Haydn, der sich dadurch sehr geehrt fühlte, verwendete diesen Titel von nun an oft in formellen Briefen.

Im Sommer besuchte Haydn seine englischen Freunde auf ihren Landsitzen. Sein Interesse am Gastland sowie an dessen Bewohnern ist in den Tagebüchern, die er während seiner beiden Englandaufenthalte geführt hat, lebhaft dokumentiert. In einem Brief an Frau von Genzinger schildert er sein Leben auf dem Land: «. . . seit 2 Monathe, indem ich auf den land in einer der schönsten gegenden bey einem Banckier lebe, dessen hertz samt der Familie dem v. gennzingerischen hauß gleichet, und allwo ich wie in einer Clausur lebe, ich bin dabey Gott sey ewig gedanckt bis auf die gewöhnliche Rheomatische zu stände gesund, arbeithe fleissig, und gedencke jeden früch morgen, wenn ich alleine mit meiner Englischen Grammer in den wald spaziere, an meinen schöpfer, an meine Familie, und an all meine hinterlassene freunde, worunter ich die Ihrige am Höchsten schätze . . . O meine liebe gnädige Frau, wie Süss schmeckt doch eine gewisse freyheit, ich hatte einen guten Fürsten, musste aber zu zeiten von niedrigen Seelen abhangen, ich seufzte oft um Erlösung, nun habe ich Sie einiger massen, ich erkenne auch die gutthat derselben ohngeacht mein geist mit mehrer arbeith beschwert ist. das bewust seyn, kein gebundener diener zu seyn, vergütet alle mühe, allein so lieb mir diese freyheit ist, so gerne verlange ich bey meiner zurückkunft in fürst. Esterhazischen Diensten zu seyn, bloß meiner armen Familie wegen . . . meine versprochene neue Sinfonie werden Euer gnaden in 2 Monathen erhalten; um aber gute Ideen zu beckomen, so bitte ich, schreiben mir Euer gnaden, aber schreiben Sie ja recht viel . . .»

In der Saison 1792 dirigierte Haydn seine vier neuen Sym-

rechts: Seite aus einem Londoner Tagebuch Haydns

Noyan ein getränck. gemacht aus Muscat=
nuss, Rhum, und zucker. kombt von Martinique
und west Indien, frankreich gehörig.

---

my D: with this, you will receive the Soap,
I beg you a thousand Pardons for not Sending
it Sooner, I Know you will have the goodness
to excuse me. — I hope to hear you are
quite well, and have Slept well — I shall be
happy to see you my D: as soon as possible.
I shall be much obliged to you if you will
do me the favor to send me twelve Tikets
for your Concert, may all Success atend you
my ever D: H: that Night, and always, is the
Sincere and hearty wish of your

James St: April 8th 791 — Invariable and
truly affectionate

---

I am just return'd from from the Concert,
where I was very much charmed with
your delightful and enchanting compo=
=sitions, and your spirited and interesting
performance of them, accept ten
thousand thanks for the great

phonien, eine neue *Concertante* für Oboe, Fagott, Violine, Cello und Orchester und ein neues Chorwerk – ein Madrigal mit dem Titel «The Storm» –, sein erster Versuch mit englischem Text. Mit allen diesen Werken erzielte er triumphale Erfolge, und ganze Sätze daraus mußten jeweils wiederholt werden. Die *Times*, die bisher Haydns Existenz kaum beachtet hatte, wurde schließlich zu Beginn dieser Saison zu begeisterten Kommentaren hingerissen:

«SALOMONS CONCERT.

Freitag war das este Subskriptionskonzert. Alle anwesenden Connoisseurs bestätigen übereinstimmend, daß das Konzert überraschend effektvoll und äußerst exakt durchgeführt wurde. Kein Orchester auf der ganzen Welt könne besser musizieren.

Eine neue Ouvertüre aus der Feder des unvergleichlichen HAYDN gab dem riesigen musikalischen Baum einen seiner Hauptäste. Jeder Satz war von solcher Auserlesenheit, daß Ausführende und Zuhörer gleichermaßen von enthusiastischem Feuer erfüllt wurden. Neuheit der Einfälle, ausgewogene Caprice und Laune, vereinigt mit aller Haydnischen sublimen und gewollten Großartigkeit, brachten Seele und Gefühl jedes Anwesenden noch zusätzliches Vergnügen. Das Auge des Sachkenners leuchtete auf mit größerem Feuer – jetzt war der Augenblick gekommen, den ein großer Maler auf die Leinwand hätte bannen können, den der Mensch jedoch kaum je erfassen kann, wenn nicht in solchen seltenen und überwältigenden Momenten.»

Als die Symphonie Nr. 98 am 2. März 1792 das erste Mal erklang, mußten der erste und der letzte Satz wiederholt werden. Haydn hatte für sich selbst ein Cembalo- (oder möglicherweise Pianoforte-)Solo im Finale komponiert, welches das Haus zu Begeisterungsstürmen hinriß. Später schrieb einer der Anwesenden: «Der Schreiber dieser Memoiren erinnert sich, daß er [Haydn] mit äußerster Genauigkeit spielte.»

In der Londoner Gesellschaft war Haydn nun Hahn im

Joseph Haydn 1794.
Diese Bleistiftzeichnung von George Dance
bezeichnete er als sein bestes Porträt

Korb und wurde von Gesandten und Fürsten in die eleganten Salons des illustren englischen *fin-de-siècle*-Adels geladen. Er weilte beim Herzog von York zu Gast und wurde Prinzessin Caroline von Braunschweig vorgestellt, die den Prinzen von Wales heiraten sollte. Wenn Haydn von seinem Cembalo aus das Orchester dirigierte, saß die Prinzessin neben ihm und summte die Melodien aller Haydn-Symphonien mit, die sie schon von Berlin her kannte. Am 3. Mai 1792 gab Haydn ein Benefizkonzert. Aus einer der hiervon erhalten gebliebenen Karten erfahren wir, daß die Herzogin von York das erste Mal in England war und daß 1500 Leute das Konzert besucht hatten.

Ende Juni 1792 verließ Haydn England. Auf dem Rückweg machte er in Bad Godesberg halt, wo das kurfürstliche Orchester zu seinen Ehren ein Festessen gab und Beethoven dem älteren Komponisten eine Kantate überreichte, die dieser sehr lobte. Haydn erkannte sofort das Talent des jungen Mannes und ermutigte ihn, seine Studien fortzusetzen. Im November desselben Jahres kam Beethoven nach Wien und wurde Haydns Schüler. Es scheint, daß Haydn damals die Absicht hatte, Beethoven auf seine nächste Reise nach London mitzunehmen. Der folgende, inzwischen berühmt gewordene Brief (er wurde erst kurz vor dem Zweiten Weltkrieg entdeckt) erhellt, welches Veständnis Haydn für die Nöte seines Schülers aufbrachte. Er schrieb an den Kurfürsten von Köln, Maximilian Franz, der in Bonn residierte:

«Eure Churfürstliche Durchlaucht!

Ich nehme mir die Freyheit, Eurer Churfürstlichen Durchlaucht einige musikalische Stücke, nämlich ein Quintet, eine achtstimmige Parthie, ein Oboe-Konzert, Variationen fürs Fortepiano und eine Fuge von der Komposition meines lieben, mir gnädigst anvertrauten Schüles, Beethoven, unterthänigst einzuschicken, welche, wie ich mir schmeichle, als ein empfehlender Beweis seines außer dem eigentlichen Studiren angewandten Fleißes von Eurer Churfürstlichen Durch-

Charlotte (1744–1818)
Gemahlin Georges III.

laucht gnädigst werden aufgenommen werden. Kenner und Nicht-Kenner müssen aus gegenwärtigen Stücken unpartheyisch eingestehen, daß Beethoven mit der Zeit die Stelle eines der größten Tonkünstler in Europa vertreten werde, und ich werde stolz seyn, mich seinen Meister nennen zu können; nur wünsche ich, daß er noch eine geraume Zeit bey mir verbleiben dürfe. Weil nun einmal von Beethoven die Rede ist, so erlauben Eure Churfürstliche Durchlaucht, daß ich auch ein Paar Worte von seinen ökonomischen Angelegenheiten sagen darf. Für das verflossene Jahr waren ihm 100 # [Dukaten] angewiesen. daß diese Summe nicht hinreichend war, auch nur um bloß zu leben, daran sind Eure Churfürstliche Durchlaucht wohl selbst überzeugt; indessen mögen Höchstdieselben Ihre guten Ursachen gehabt haben, ihn mit einer so geringen Summe in die große Welt zu schicken. In dieser Voraussetzung, und um ihn nicht unter die Hände der Wucherer fallen zu lassen, habe ich theils für ihn Bürgschaft geleistet, theils an Barem ihm so viel vorgestreckt, daß er mir 500 fl. schuldig ist, woran kein Kreutzer ohne Nothwendigkeit verwendet worden ist; die ich ihm hier anzuweisen bitte; und da auf Borg arbeiten lassen die Prozente immer vermehret, und überdieß für einen Künstler wie Beethoven, sehr lästig ist; so glaubte ich, daß, wenn Eure Churfürstliche Durchlaucht ihm für das künftige Jahr 1000 fl. anwiesen, Höchstdieselben die Gnade gegen ihn vollkommen machten, und ihn zugleich außer aller Noth setzten. Denn die Meister, die ihm unumgänglich nöthig sind, und der nothwendige Aufwand, wenn er hier in mehreren Häusern eintritt, nehmen so viel weg, daß ihm nur das höchst Nöthige an 1000 fl. übrig bleibt. Für die Verschwendung, die bey einem jungen Manne, der in die große Welt kommet, zu befürchten ist, glaube ich Eurer Churfürstlichen Durchlaucht gutstehn zu können; denn ich habe aus hundert Umständen immer das Resultat bestättiget gefunden, daß er seiner Kunst alles ohne Zwang aufzuopfern im Stande ist; was bey so vielen einladenden Gelegenheiten zu bewundern ist, und in Absicht der höchsten

Gnaden Eurer Churfürstlichen Durchlaucht alle Sicherheit gibt, daß Höchstdieselben Ihre Gnaden mit Wucher an Beethoven verschwenden. In der Hoffnung, daß Eure Churfürstliche Durchlaucht diese meine Bitte meinem lieben Schüler zu dessen fernerer Unterstützung mögen gnädigst zukommen lassen, bin ich mit tiefester Ehrfurcht

Eurer Churfürstlichen Durchlaucht
unterthänigst-gehorsamster
Joseph Haydn mppria
CapellMeister v.
Fürst Nicolaus Esterhazy

Wien, den 23^tn November 1793.»

Das Jahr 1793 verbrachte Haydn in Wien und Eisenstadt, wo er neue Quartette für London (die späteren Opera 71 und 74) schuf und Skizzen für einige neue Symphonien anfertigte. Am 26. Januar 1793 erlitt Haydn einen schweren Verlust: Marianne von Genzinger, mit der ihn eine innige und enge Freundschaft verbunden hatte, starb im Alter von nur 42 Jahren. Schon ein Jahr zuvor hatte ihn der Tod seines Freundes Mozart, der im Dezember 1791 gestorben war, tief erschüttert. Er schrieb an den gemeinsamen Freund Johann Michael Puchberg:

«. . . ich war über seinen [Mozarts] Todt eine geraume Zeit ganz außer mir und konnte es nicht glauben, daß die Vorsicht so schnell einen unersetzlichen Mann in die andere Welt fordern sollte, nur allein bedaure ich, daß Er nicht zuvor die noch dunklen-Engländer darinn hat überzeugen können, wovon ich denselben täglich predigte . . .»

Im Januar 1794 fuhr Haydn wieder nach London und nahm diesmal Johann Elssler als seinen Kopisten und Kammerdiener mit. Während des zweiten Londoner Aufenthalts erreichte Haydns Schaffen einen neuerlichen Höhepunkt. Abgesehen von den letzten sechs Symphonien (Nr. 99 bis 104) vollendete er seine bedeutendsten Klaviertrios, darunter jenes mit dem berühmten *Rondo all'Ongarese*, sowie seine drei letzten (und großartigsten) Klaviersonaten für Theresa Jansen (sie ehelichte 1794 den bekannten Kupferstecher Gaetano Bartolozzi). Die ein Jahr zuvor in Wien entstandenen Streichquartette wurden nun in den Salomon-Konzerten aufgeführt; es sind die ersten «Konzertsaalquartette», das heißt: sie wurden nicht als Kammermusik für einen adeligen oder bürgerlichen Salon komponiert, sondern für den Konzertsaal. Haydn schrieb sie für Johann Peter Salomon, der darin seine technischen Fähigkeiten und sein künstlerisches Talent voll entfalten konnte. Salomons feuriges Spiel war in bewundernswerter Weise diesen Quartetten, die sich wohl am besten als symphonische Streichquartette bezeichnen lassen, kongenial; sie haben denselben kühnen und dramatischen Grundton, den wir in Haydns späten Symphonien bewundern.

Die Presse referierte nun ausführlich über jedes Detail; der *Morning Chronicle* vom 19. Februar 1794 veröffentlichte folgende Besprechung der Symphonie NR. 99:

«. . . doch wie gewöhnlich verdankten wir den herrlichsten Teil des festlichen Abends dem wunderbaren Haydn. Sein neues Quartett erfreute durch die abwechslungsreichen, heiteren und faszinierenden Melodien und Harmonien in allen Sätzen; und die Symphonie, mit gesteigerter Präzision und Wirkung gespielt, wurde mit wachsendem Entzücken aufgenommen. Der erste Satz wurde wiederholt; die Wirkung der Bläser im zweiten Satz war bezaubernd; Oboe und Flöte spielten zwar schön und richtig, doch erinnern wir uns nicht, je ein Blasinstrument vollkommender und köstlicher gehört zu haben als das Fagott. Das Trio war in den Menuetten einfach hinreißend. Das Ganze war ein fortwährender Genuß, und das Genie von Haydn, erstaunlich unerschöpflich und erhaben, war überall zu verspüren.»

Zu dieser Zeit hielt sich der berühmte Komponist und Violinist Giovanni Battista Viotti in London auf, dessen neuartige Technik einen tiefgreifenden Einfluß auf die Streicherqualität der Londoner Orchester ausübte. Es ist sicherlich keine Übertreibung, wenn man Haydn, Salomon und Viotti

Symphonie Nr. 104: erste Musikseite des Autographs.

G. B. Viotti (1753 bis 1824),
berühmter Geiger und Komponist

das Verdienst zuschreibt, das Orchester, wie wir es heute kennen, ins Leben gerufen zu haben.

Den größten Erfolg in England hatte Haydn zweifellos mit seiner «Militärsymphonie». Der *Morning Chronicle* vom 9. April 1794 berichtet darüber:

«SALOMONS NEUNTES KONZERT

Wir sehen uns gezwungen, immer die gleichen Namen (doch wo sonst sind ihresgleichen zu finden?) und dieselben Lobeshymnen zu wiederholen, die doch niemals imstande sind, die wunderbaren Gefühle ausreichend zu beschreiben, die diese Künstler manchmal in uns erwecken; aber es wäre schreiende Ungerechtigkeit, stillzuschweigen. Was wir bei früheren Gelegenheiten so leidenschaftlich gepriesen haben, besonders in Bezug auf die Künstler Mara und Viotti, trifft wiederum zu, und noch mehr, wenn wir einen Ausdruck dafür finden könnten. Einige Kenner erklären, das Spiel Viottis seinen Kompositionen vorzuziehen. – Die Urteile sind verschieden, und wir geben nicht vor, diese Ansicht für unrichtig zu erklären; wir können nur sagen, daß seine Werke, wenn sie auch von der alten französischen Schule her kommen, einen Gehalt, eine Geschlossenheit und Größe aufweisen, die sie in unserer Meinung weit über die *jigs*, die Schnörkel und den Hokuspokus emporheben, von denen die moderne Musik so voll ist. Nicht daß wir Feinde der modernen Musik wären: diese hat viele wesentliche Fortschritte gebracht, doch hat sie auch nicht wenige grundsätzliche Fehler. Eine weitere neue Symphonie, von Haydn, wurde zum zweitenmal aufgeführt; und wieder wurde der mittlere Satz mit lauten Beifallsrufen aufgenommen. Encore! encore! encore! scholl es von jedem Sitz: selbst die Damen konnten sich nicht zurückhalten. Da ist das Anrücken zur Schlacht; und der Marschtritt der Mannschaften, das Gedröhn des Angriffes, das Donnern des Zusammenpralls, das Geklirr der Waffen, das Stöhnen der Verwundeten, und das, was wohl das höllische Gebrüll des Krieges genannt werden kann, steigert sich

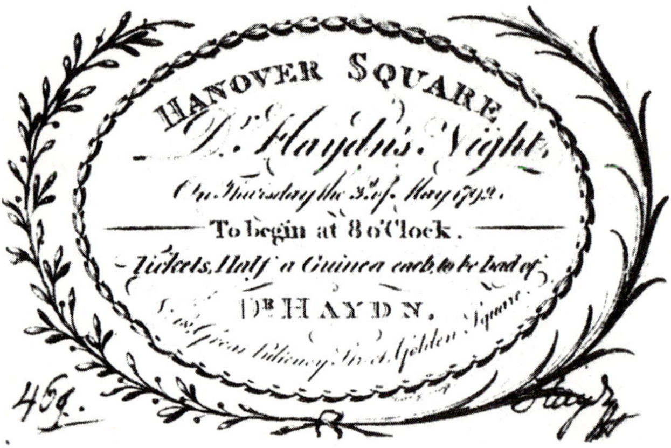


Eintrittskarte zu Haydns Benefizkonzert am 3. Mai 1792
mit seiner Unterschrift

zu einem Höhepunkt gräßlicher Erhabenheit! Andere können all dies wohl gefühlsmäßig erfassen, doch nur er allein kann es ausführen; zumindest hat nur er bisher diese Wunder bewirken können.»

Haydn wurde nun bei Hof eingeführt, und König George III. bat ihn, in England zu bleiben; die Königin bot ihm sogar eine Suite im Schloß Windsor an. Haydn erwog diesen Vorschlag sorgfältig, doch fühlte er sich nicht mehr jung genug für einen solchen Schritt und zog es offenbar vor, seine letzten Jahre ruhig in der Heimat zu verbringen, zumal der Krieg, der ständig an Heftigkeit zunahm, England vollkommen vom Kontinent abzuschneiden drohte, wie anderseits Englands Schiffsblockade den Kontinent isolierte.

1795 setzte Salomon alles daran, eine neue Serie, die sogenannten Opernkonzerte, herauszubringen. Viotti war nunmehr Konzertmeister, doch spielte Salomon noch im Orchester und trat oft als Solist auf. Die Konzerte wurden nicht mehr in den eleganten Räumen am Hanover Square abgehalten, sondern im königlichen Theater. Das Orchester, für die Salomon-Konzerte mit ungefähr vierzig Mitgliedern besetzt, wurde auf sechzig Musiker erweitert, was nahezu der Größe eines modernen Symphonieorchesters entspricht. Haydn komponierte für die Opernkonzerte seine letzten drei Symphonien, Nr. 102 bis 104, und auch diese ernteten stürmischen Beifall. Über die Symphonie Nr. 102 in B-Dur, die viele als Haydns hervorragendstes Orchesterwerk bezeichnen, schrieb der *Morning Chronicle* am 17. Februar 1795:

«Was sollen wir über HAYDN und die erhabene, zauberhafte Symphonie sagen, mit der er den zweiten Teil einleitete? Das Entzücken kann nicht mit Worten beschrieben werden; um dieses zu begreifen, muß man sie gehört haben.»

Haydns letztes Benefizkonzert fand am 4. Mai 1795 statt. In diesem Konzert sang Brigida Giorgi-Banti eine neue Arie von Haydn, die *Scena di Berenice*. Diese groß angelegte Konzertarie ist eine der ausgedehntesten Vokalkompositionen des 18. Jahrhunderts und steht auf einer Stufe mit Mozarts *Ch'io*

Fürst Nicolaus Esterházy II. (1765 bis 1833),
regierender Fürst ab 1794

*mi scordi di te* (KV 505) sowie mit Beethovens *Ah, Perfido* (entstanden ein Jahr nach Haydns Werk). Außerdem dirigierte der Komponist einige seiner populärsten Symphonien. Hierzu vermerkte er in seinem Tagebuch:

«Den 4$^{\text{tn}}$ May 1795 gab ich mein Benefiz-Konzert im Haymarket-Theater. Der Saal war voll von auserlesener Gesellschaft. a) Erster Teil der Militär-Symphonie; Aria (Rovedino); Concert (Ferlandy) zum erstenmale; Duett (Morichelli und Morelli) von mir; eine neue Symphonie in D und zwar die zwölfte und letzte von den Englischen; b) zweyter Theil der Militär-Symphonie; Aria (Morichelli), Concerto (Viotti), Scena nuova von mir, Mad. Banti (She sang very scanty) [Sie sang sehr mittelmäßig]. Die ganze Gesellschaft war äußerst vergnügt und auch ich. Ich machte diesen Abend vier tausend Gulden. So etwas kann man nur in England machen.»

Er erzählte seinem Biographen Griesinger, daß er während seiner Englandreisen eine Gesamtsumme von etwa vierundzwanzigtausend Gulden eingenommen habe, wovon zirka neuntausend für die Reisen, Aufenthalt und andere Spesen aufgegangen seien.

Mittlerweile hatte sich Haydns neuer Fürst, Nicolaus II., entschlossen, das fürstliche Orchester und den Chor neu aufzubauen; er verlangte von Haydn, nach Wien zurückzukehren und wieder aktiver Kapellmeister zu werden. So nahm Haydn Mitte August 1795 traurig Abschied von seinen «lieben englischen Freunden» und kam als der damals am meisten verehrte Komponist, reich und berühmt, nach Wien zurück. Die Engländer vergaßen ihn niemals; sie pflegen seine Musik bis heute.

Das Haus in der Unteren Steingasse im Vorort Gumpendorf:
hier starb Haydn am 31. Mai 1809.

# Wien – Eisenstadt – Wien 1796 – 1809

Zwischen seinen beiden Londoner Reisen hatte Haydn ein Haus im Vorort Gumpendorf in der Unteren Steingasse, der heutigen Haydngasse, gekauft und am 14. August 1793 beim Magistrat der Stadt Wien die Pläne zum Umbau und zur Vergrößerung des Hauses eingereicht. Nach seiner Rückkehr aus England wurde dieses Haus sein Wohnsitz, doch behielt er außerdem noch ein Absteigquartier in der Altstadt.

Mittlerweile hatte Fürst Nicololaus II. Schloß Eszterháza vollkommen aufgegeben und seine Sommerresidenz nach Eisenstadt verlegt. Von Haydn verlangte er, abgesehen von dessen administrativen Aufgaben, jährlich nur eine Messe zum Namenstag seiner Gattin, der Fürstin Maria Hermenegild, die Haydn besonders verehrte. Diesem Umstand verdanken wir die letzten und größten Haydn-Messen:

*Missa Sancti Bernardi de Offida* («Heiligenmesse»), 1796.
*Missa in tempore belli* («Paukenmesse»), 1796/97.
*Missa in angustiis* («Nelsonmesse»), 1798.
*Missa* («Theresienmesse»), 1799.
*Missa* («Schöpfungsmesse»), 1801.
*Missa* («Harmonienmesse»), 1802.

Diese weitläufig angelegten Messen sind für vier Solisten, gemischten Chor (Sopran, Alt, Tenor, Baß) und meist auch für ein großes Orchester geschrieben; bei zweien ist das Orchester kleiner, da in deren Entstehungsjahren die Anzahl der Musiker reduziert worden war: Die «Nelsonmesse» ist für Streicher, drei Trompeten, Pauken und Solo-Orgel, die Haydn selbst spielte, instrumentiert, und die «Theresienmesse», außer den üblichen Streichern und Orgel *continuo*, für Klarinetten, Trompeten und Pauken. In diesen späten Messen reicht Haydns Ausdruckskraft von dem innigen «Et incarnatus est» bis zu den gewaltigen Fugen des «Et vitam venturi». In gewissem Sinn sind die sechs Messen Haydns wirklich symphonisches Vermächtnis: erhabene Symphonien zu Ehren Gottes. Sie enthalten verschiedene neue Wendungen, die wir nicht einmal in den kühnsten Orchesterwerken finden. Man braucht nur an das eigenartige Pauken-Solo im Agnus Dei der *Missa in tempore belli* oder an die unglaubliche Intensität zu Ende des Benedictus in der «Nelsonmesse» zu denken. Der Komponist war sich der historischen Bedeutung dieser Werke voll bewußt und sagte einmal zu seinem Biographen Griesinger: «Auf meine Messen bin ich etwas stolz.» Durch diese großen Messen und die beiden letzten Oratorien, die gleich erörtert werden, wurde Haydn in allen Ländern der österreichisch-ungarischen Monarchie so berühmt, wie er es durch die Symphonie in England geworden war.

Haydns letztes und sicherlich interessantestes Konzert, dessen folgenreiche Neuerung vielen Musikern kaum bewußt sein wird, entstand für den Hoftrompeter Weidinger. Nach langen Jahren harter Arbeit war es Weidinger gelungen, eine Klappentrompete zu erfinden, auf der zum erstenmal alle chromatischen Töne der Tonleiter gespielt werden konnten. Für dieses neue Instrument schrieb Haydn 1796 ein Konzert in Es-Dur, das Weidinger mit großem Erfolg in seinem Benefizkonzert spielte. Die Klappentrompete wurde bald von der Ventiltrompete abgelöst, und innerhalb der nächsten zwanzig Jahre wurden Ventile nicht nur in die Trompete, sondern auch in die Hörner eingebaut. (Man vermutet heute, daß Beethoven die merkwürdige vierte Hornpartie am Ende des langsamen Satzes in der Neunten Symphonie ursprünglich für ein solches Versuchsinstrument komponiert hatte.) Abgesehen von den technischen Details steht eines fest: Haydn, der stets eine Vorliebe für die Trompete hatte, schrieb für Weidinger ein Konzert, das sich mit seinen einmal feurigen, dann wieder poetischen Passagen bis heute in der Gunst des Publikums gehalten hat.

In England war Haydn durch Händels Oratorien zutiefst beeindruckt worden und deshalb sehr schnell bereit, einem

Admiral Lord Horatio Nelson (1758 bis 1805),
der Haydn 1800 in Eisenstadt besuchte

Baron Gottfried van Swieten (1733 bis 1803),
der das Textbuch zu Haydns Oratorium
«Die Schöpfung» verfaßte

Vorschlag des Direktors der Wiener Hofbibliothek Gottfried van Swieten zu folgen und seine Karfreitagsmusik «Die sieben Worte des Erlösers am Kreuze» in ein Oratorium umzuarbeiten. Van Swieten, der ein Sohn des berühmten Leibarztes der Kaiserin Maria Theresia war, machte sich erbötig, den Text zu schreiben, und Haydn beschloß, das Orchester durch Klarinetten und Posaunen zu erweitern. Er komponierte außerdem ein Zwischenspiel für Bläser, das die unheilschwangere Karfreitagsstimmung aufs beste spiegelt; dieses Bläserstück ist das düsterste und beklemmendste Musikstück, das Haydn je geschrieben hat. Das neue Werk wurde zum erstenmal 1797 in Eisenstadt aufgeführt, und der große Erfolg mag Haydn dazu bewogen haben, mit der Arbeit an der «Schöpfung» zu beginnen, deren Libretto er durch Salomon vor der Abreise aus England erhalten hatte. Van Swieten übersetzte es. Am 15. Dezember 1796 schrieb Haydns Freund J. G. Albrechtsberger an Beethoven (ihren gemeinsamen Schüler), daß Haydn ihn am Tag zuvor besucht habe und an einem Oratorium arbeite, das er «Die Schöpfung» nennen wolle. Albrechtsberger, dem Haydn einiges daraus vorgespielt hatte, meinte, daß es sehr gut werden würde.

Haydn benötigte fast das volle nächste Jahr und einen Teil des Jahres 1798 für die Komposition der «Schöpfung». Der fünfundsechzigjährige Meister war sich der Verantwortung bewußt, die er mit der Wahl eines solch umfassenden Themas übernommen hatte, und so manche Skizzen, erste Entwürfe, zweite Entwürfe und in letzter Minute vorgenommene Änderungen, die in den verschiedenen Manuskripten der Wiener Bibliotheken zu finden sind, verraten, daß er niemals zuvor seine Aufgabe ernster genommen haben dürfte.

Um die Aufführung der «Schöpfung» zu ermöglichen, hatte van Swieten einige Aristokraten dazu überredet, Haydn 500 Dukaten zu garantieren und für die Spesen der Erstaufführung aufzukommen. Am 29. und 30. April 1798 wurde das Oratorium unter Haydns Leitung im Palais Schwarzenberg am Neuen Markt uraufgeführt. Der Erfolg war so groß, daß auch zwei weitere Aufführungen, am 7. und 10. Mai, einen vollbesetzten Saal fanden. Haydn konnte nun die Partitur mit Hilfe von Subskribenten drucken lassen. Am 19. März 1799 fand die erste öffentliche Aufführung im Wiener Burgtheater statt, bei der Salieri am Klavier saß und Haydn dirigierte. 18 Mann berittene Garde und ein Dutzend Polizisten waren nötig, um den Sturm auf die Theaterkasse einigermaßen in Zaum zu halten. Im bis auf den letzten Platz besetzten Haus wurden 4088 fl., 30 kr. eingenommen, eine Summe, die bisher noch niemals in einem Wiener Theater kassiert worden war. Einer von Haydns Biographen, Carpani, war Augenzeuge dieser Aufführung: «Ich war dabei und kann versichern, nie etwas Ähnliches erlebt zu haben. Die Blüte der gebildeten Welt, Einheimische wie Fremde waren versammelt ... Tiefstes Schweigen, gespannteste Aufmerksamkeit, eine – ich möchte sagen – religiöse Verehrung herrschten von dem Augenblick, in dem der erste Bogenstrich getan wurde.»

Der Aufbau der «Schöpfung» ist vom musikalischen Standpunkt gesehen traditionell, das heißt, daß Haydn die übliche Teilung in Chöre, begleitete Rezitative (gewöhnlich für beschreibende Passagen), Arien und *Secco*-Rezitative (nur für Cembalo und tiefere Streicher) vornimmt. Das altmodische italienische *Secco* verwendet er, um dem Zuhörer Gelegenheit zu geben, sich von dem gewaltigen Klang der Chöre und des größten Orchesters, das Haydn je verwendet hat, auszuruhen. Die Solisten singen auch in den Chören mit, was der alten Oratorienform entspricht. Haydn hatte diesen Brauch schon in seine späten Messen übernommen, deren charakteristischestes Merkmal die ständige Gegenüberstellung von Chor und Solisten ist. Das Orchester besteht aus drei Flöten, zwei Oboen, zwei Klarinetten, zwei Fagotten, Kontrafagott, zwei Hörnern, zwei Trompeten, drei Posaunen, Pauken und Streichern. Niemals zuvor zeigte sich Haydns Genie größer und ergiebiger als bei der Instrumentierung der «Schöpfung»: die grenzenlose Einsamkeit der Einleitung, die Beschreibung des Chaos durch den harmonischen Ausbau (zum Beispiel die

Der Neue Markt in Wien.
Im Hintergrund das Palais Schwarzenberg

an «Tristan» erinnernden Schlußakkorde) und die treffende Instrumentierung lassen uns erschauern. Die wild dahinstürmende Klarinette über der unheildrohenden kompakten Masse des Orchesters gibt ein aufwühlendes Bild der von wirbelnder Finsternis umgebenen Erde. Und wann hat Haydn – oder irgendein anderer Komponist – je die heitere überirdische Schönheit der E-Dur-Einleitung (drei Flöten) zum dritten Teil übertroffen, die den magischen Augenblick des frühen Morgens schildert, wenn die Sonne zum erstenmal die «rosigen Wolken» berührt? Bei dem überwältigenden Chor «Es werde Licht» öffnen sich dem Zuhörer alle Himmel. In einem kolossalen, überwältigenden *fortissimo* im strahlenden D-Dur-Glanz geht die Sonne auf; der sanfte Klang der Streicher untermalt Uriels Schilderung des ersten Mondlichtes. Der Chor «Die Himmel erzählen die Ehre Gottes und seiner Hände Werk zeigt an das Firmament», der den ersten Teil beendet, bezeugt Haydns tiefe Gläubigkeit. Vom unergründlichen Mysterium der Geburt erzählt Raphael, begleitet von geteilten Violen, Celli und dem tiefen Klang der Kontrabässe (ein brillanter nachträglicher Einfall – ursprünglich war dies ein *Secco*-Rezitativ). Wir hören Gottes Gebot: «Seid fruchtbar alle, mehret euch!»

Die Beschreibung der Natur, der Vögel und Tiere, ist nicht ohne Humor: Wie sehr muß sich das Publikum an dem Gebrüll des Löwen, dem Grollen des Tigers und dem ekligen «Zug des Gewürms» (Nr. 21) ergötzt haben! Einige der Arien sind von der italienischen *da-capo*-Form schon so weit entfernt, daß sie viel eher mit dem frühen romantischen Lied verglichen werden könnten; eine solche Arie ist Uriels «Mit Würd' und Hoheit angetan», die freudige Bestätigung der Verbrüderung aller Menschen. Der Text mag noch an Mozarts «Zauberflöte» erinnern, die Musik mit ihren Modulationen (wie in den Takten 48 ff., von der Dominante von F-Dur zu Des-Dur und As-Dur) weist uns jedoch weit voraus in die verzauberte Harmoniewelt von Schubert. «Nun beut die Flur das frische Grün . . .», ein fröhlicher Gesang auf den Frühling, ist eine Arie, die nur Haydn hat schreiben können.

Wahrscheinlich vermochte nur ein alter und sehr erfahrener Mann «Die Schöpfung» zu komponieren, vielleicht nur ein Sechzigjähriger die Wonne des frühen Morgens, den Zauber des Mondlichtes oder die Verzückung eines Frühlingstages so treffend einzufangen – Dinge, von denen er weiß, daß sie ihm sehr bald entzogen sein werden. Was Carpani, einer der drei zeitgenössischen Biographen Haydns, schrieb, nachdem er an einem Sonntagmorgen eine Haydnmesse gehört hatte, ließe sich genauso gut über «Die Schöpfung» sagen:

«1799 wurde ich in Wien von einem Fieber zurückgehalten. Die Glocken einer Kirche nicht weit von meinem Quartier kündigten eine Messe an: meine Langeweile war größer als meine Vorsicht und ich erhob mich, um mich mit ein wenig Musik zu trösten. Als ich eintrat, erkundigte ich mich und erfuhr, daß es St. Anna Tag war und eine Haydnmesse in B-Dur gespielt wurde, die ich noch nie zuvor gehört hatte. Sie hatte kaum begonnen, als ich schon die Wirkung spürte: der Schweiß brach mir aus und meine Kopfschmerzen hörten auf. Ich verließ die Kirche in einer heiteren Stimmung, wie ich sie schon lange nicht gekannt hatte, und das Fieber kehrte nicht mehr zurück.»

Inmitten seiner Arbeit an der «Schöpfung» schrieb Haydn eines seiner berühmtesten Lieder, die österreichische Kaiserhymne, nach einem Text von Lorenz Leopold Haschka. Wiederum arbeitete Haydn sehr angestrengt, um diese einfache und liebliche Melodie zu schaffen, die nun zum musikalischen Erbgut der Welt gehört. Wie alle berühmten Melodien hat sie die seltsamsten Wandlungen durchgemacht. Heute ist sie die deutsche Bundeshymne (die Österreicher haben groteskerweise ein Freimaurerlied zu ihrer Hymne gewählt, das angeblich Mozart geschrieben hat, was aber eher unwahrscheinlich ist) sowie ein protestantisches Kirchenlied, das in den anglo-amerikanischen Kirchen mit dem Text «Glorious things of Thee are spoken» gesungen wird. Variationen seiner Hymne verwendete Haydn auch in einem seiner Steichquartette aus op. 76, einer Serie von sechs Werken, in den Jahren 1796 und 1797 komponiert, in denen er seinen früheren intimen Quartettstil mit dem der symphonischen Quartette verband, die er für Salomon in London geschrieben hatte. Diese Werke werden nur von seinen zwei letztvollendeten (im Jahre 1799 komponierten) Quartetten übertroffen, die wir als op. 77 kennen. Das dritte Quartett, das zu dieser Reihe gehören sollte, blieb unvollendet und wurde einige Jahre später als Fragment (op. 103) veröffentlicht.

Der ungeheure Erfolg der «Schöpfung» hatte offensichtlich Haydn und van Swieten angeregt, ein weiteres Oratorium zu schaffen. Van Swietens Wahl fiel auf ein Gedicht von James Thomson, «Die Jahreszeiten», das er übersetzte und herausgab. Haydn komponierte den ersten Teil 1799, doch dann zog sich die Arbeit bis 1801 dahin, da er sehr oft krank war. Wieder fand die Erstaufführung im Wiener Schwarzenbergpalais statt, und zwar am 24. April 1801, mit Wiederholungen am 27. April und 1. Mai. So wie bei der «Schöpfung» bürgte auch diesmal eine Gruppe von Adeligen für die Kosten der ersten Aufführungen und garantierte Haydn ein ansehnliches Honorar. Die erste öffentliche Aufführung fand am 29. Mai 1801 im Redoutensaal statt.

Thomsons Gedicht gab Haydn genug Gelegenheit zur Tonmalerei, aber es konfrontierte ihn auch mit dem Problem, viele kleine Szenen zu einem großen Ganzen zu vereinigen. Es muß ihn fast übermenschliche Anstrengungen gekostet haben, das ausgewogene Gleichgewicht zwischen Humor, Gefühl und Tiefe, welches dieses außergewöhnliche Oratorium auszeichnet, zu schaffen. Haydn verwendet das riesige Orchester mit üblicher Virtuosität, und wie in der «Schöpfung» erlebt man auch hier Augenblicke unvergeßlicher Größe. In mancher Hinsicht sind «Die Jahreszeiten» ein Panorama von Haydns schöpferischem Leben: Einige Teile klingen wie Volkslieder, andere wieder wie eine riesige Messe; in manchen Abschnitten (wie zum Beispiel in der Mitte des Sommers) fühlen wir nachgerade, wie Haydn als eine Art

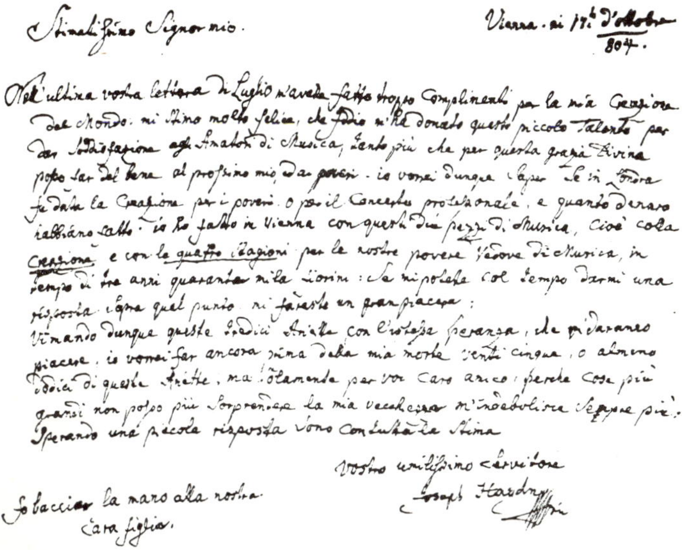

Stimatissimo Signor mio.

Vienna. ai 17t d'Ottobre 804.

Nell'ultima vostra lettera di Luglio m'avete fatto troppo Complimenti per la mia Creazione del Mondo. mi stimo molto felice, che Iddio m'ha donato questo piccolo Talento per dar soddisfazione agli Amatori di Musica, tanto più che per questa grazia Divina posso far del bene al prossimo mio, ed a poveri. io vorrei dunque sapere se in Londra fu data la Creazione per i poveri. o per il Concerto professionale, e quanto denaro habbiano fatto: io ho fatto in Vienna con questi due pezzi di Musica, cioè colla Creazione e con le quattro stagioni per le nostre povere Vedove di Musica, in tempo di tre anni quaranta mila fiorini: se mi potete col tempo darmi una risposta sopra quel punto. mi farete un gran piacere:
Rimando dunque queste dodici Ariette con l'istessa speranza, che vi daranno piacere. io vorrei far ancora prima della mia morte venti cinque, o almeno dodici di queste Ariette, ma solamente per voi caro amico: perchè cose più grandi non posso più sorprendere la mia vecchiezza m'indebolisce sempre più.
Sperando una piccola risposta sono con tutta la stima

Vostro umilissimo servitore
Joseph Haydn

Io baccio la mano alla vostra cara figlia.

Ein Brief Haydns in italienischer Sprache: er trägt das Datum vom 17. Oktober 1804 und ist an den Edinburgher Verleger George Thomson gerichtet, für den Haydn die Begleitmusik zu einer Reihe schottischer Lieder schrieb.

menschgewordene Gottheit auf sein in der sommerlichen Hitze schmachtendes Volk niederblickt. Unaussprechliche Traurigkeit durchdringt zuweilen die Musik, als hätte Haydn gewußt, daß dies sein künstlerischer Schwanengesang werden sollte; man denke nur an die schwermütige c-moll-Einleitung zum Winter, die ebenfalls nicht weit von Richard Wagners Tonsprache entfernt ist. Ein Jagdchor mit vier Hörnern beschwört noch einmal jene fröhlichen und sorglosen Eisenstädter Tage herauf, in denen die Herrschaft bei ihrer Rückkehr von der Jagd mit der «Symphonie mit dem Hornsignal» begrüßt wurde. Den Herbst beendet ein trunkenes Gelage von Breugelscher Farbigkeit, für das Haydn wie in der «Militärsymphonie» «türkische Instrumente» verwendet. Haydn scheint gewußt zu haben, daß «Die Jahreszeiten» ein Vermächtnis seiner Gedankenwelt waren, und weigerte sich beharrlich, einem Wunsche van Swietens nachzukommen und eine bekannte Opernarie für des Bauern Gesang im ersten Teil zu nehmen. Er, der der anderen Welt bereits so nahe war, griff auf seine eigene Musik, das berühmte Thema aus dem zweiten Satz der «Symphonie mit dem Paukenschlag» zurück. Er hatte recht: wer kenn heute noch die Arie aus der deutschen Oper «Der Tirolerwastl»? Haydns Melodie hingegen kann jedes Kind in der ganzen Welt singen. Später sagte Haydn zu seinem Schüler Sigismund Neukomm, daß er, als er den Winter schrieb, erkannt habe, ein alter Mann geworden zu sein, dessen Schaffenskraft zu Ende gehe.

In diesen späten Jahren, nachdem er die «Harmoniemesse», sein letztes großes Werk, geschaffen hatte, machte sich Haydn daran, die Begleitmusik zu einer Reihe von schottischen Liedern zu komponieren, für die ihn einige Verleger, vor allem der Edinburgher Verlag George Thomson, gut bezahlt hatten. Heute weiß man, daß Haydn seine Schüler (darunter Neukomm) dazu engagiert hatte, ihm einen Teil der Arbeit abzunehmen. Beethoven sollte später durch die Vertonung von Volksliedern der britischen Inseln ein angenehmes Nebeneinkommen haben. Haydn beschäftigte sich auch da-

Emma, Lady Hamilton (1765 bis 1815),
die Nelson auf dieser Reise begleitete

mit, seine kompositorischen Angelegenheiten in Ordnung zu bringen: 1805 ließ er seinen treuen Kopisten Johann Elssler einen thematischen Katalog anlegen, der die Grundlage unserer Kenntnis von Haydns Werken bildet. Glücklicherweise existiert auch noch der sogenannte Entwurf-Katalog, nach dem Elssler arbeitete; dieser Entwurf-Katalog, dessen erste Seiten fehlen, war 1765 von Elsslers Vater, Joseph, begonnen worden. Zu dieser Zeit war der Handel mit Haydns Kompositionen für die meisten Verleger und Kopisten so gewinnbringend, daß sie nicht zögerten, seinen Namen unter Werke anderer Komponisten zu setzen. Dies ging so weit, daß auf die 107 authentischen Symphonien 150 von zweifelhafter Herkunft entfallen. Haydns eigener Katalog weist viele Auslassungen, Wiederholungen und Ungenauigkeiten auf, doch ohne ihn könnten wir niemals feststellen, was Haydn wirklich selbst komponiert hat. Am 20. März 1800 starb Haydns Frau, viel zu spät für eine Wiederverheiratung des Meisters. Seiner früheren Geliebten, Luigia Polzelli, gelang es, ihm ein schriftliches Versprechen abzuringen, daß er niemanden anderen als sie ehelichen würde, und mit diesem Dokument versehen zog sie nach Italien und – heiratete einen anderen.

Der alternde Komponist wurde von aller Welt mit Ehren überhäuft; Medaillen und Titel kamen aus Amsterdam, Stockholm, St. Petersburg und Paris. Die Liste der Personen und Institutionen, die dem großen und bescheidenen Komponisten huldigten, ist von beträchtlicher Länge. Lord Nelson, der berühmte englische Admiral, und Lady Hamilton besuchten ihn, und alle Reisenden, musikalische und andere, kamen, um ihm in seinem bequemen Haus in der Unteren Steingasse in Gumpendorf ihre Aufwartung zu machen. Fürstin Maria Hermenegild achtete darauf, daß es ihm im Alter wohl erging: sie veranlaßte sogar Fürst Nicolaus II. dazu, den besten Wein der Esterházyschen Kellereien für Haydns Tisch zu senden und den gebrechlichen Greis durch fürstliche Ärzte behandeln zu lassen.

Haydn starb am 31. Mai 1809 siebenundsiebzigjährig an

Maria Josepha Hermenegild (1768 bis 1845),
die Gemahlin Nicolaus' II., Haydns große Gönnerin

Haydns Grabstätte
im Mausoleum der Bergkirche zu Eisenstadt

Altersschwäche und Erschöpfung. In den letzten Tagen vor seinem Tod trugen ihn seine Diener zum Klavier, wo er «Gott erhalte Franz den Kaiser» spielte. Die Franzosen bombardierten damals gerade Wien, und als eine Kanonenkugel nahe Haydns Haus einschlug, breitete der greise Komponist seine Arme aus und sagte heiter zu dem verstörten Gesinde: «Fürchtet euch nicht, wo Haydn ist, kann kein Unglück geschehen.»

Haydn tat seinen letzten Atemzug, als die Franzosen Wien besetzt hatten; eine Ehrenwache Napoleons stand vor seiner Tür. Elssler nahm ihm die Totenmaske ab, die noch erhalten ist. Vom nächsten Tag ist eine anschauliche Beschreibung des Begräbnisses überliefert, und zwar im Tagebuch eines Freundes von Haydn, Joseph Carl Rosenbaum:

«Fronleichnamstag, 1. Juni. Ein heißer Tag, erstickender Staub. Keine Prozession. Nachmittag 5 Uhr Leichenbegängnis des großen unsterblichen Sängers der Schöpfung und der Jahreszeiten Joseph Haydn. Alle Theater sind geschlossen. Alle Marschälle und Generäle sind abgereist. Nachmittag um 4 Uhr mit der Rodler zum Leichenbegräbnis Haydns. Er lag in seinem großen Zimmer schwarz gekleidet, gar nicht entstellt, zu seinen Füßen lagen die sieben Ehren-Medaillen von Paris, Rußland, Schweden und die hiesige Bürger-Medaille. Nach 5 Uhr wurde Haydn in einem eichernen Sarg in die Gumpendorfer Kirche geführt, da dreymal herumgetragen, eingesegnet und in den Kirchhof vor der Hundsturmer Linie geführt. Nicht ein Kapellmeister Wiens begleitete seine Leiche.»

# Werkausgaben und Literatur in Auswahl


*Werkverzeichnisse:*

Joseph Haydn: Thematisch-bibliographisches Werkverzeichnis, zusammengestellt von Anthony van Hoboken. Bisher ersch. nur Band I (Instrumentalkomp.), Mainz 1957.

Larsen, J. P.: Drei Haydn Kataloge in Faksimile, Kopenhagen 1941.

Landon, H. C. Robbins & Larsen, J. P.: Artikel «Haydn», in Musik in Geschichte und Gegenwart, Kassel 1956.

*Haydn-Briefe*

In der Originalsprache mit deutschem Kommentar: Joseph Haydn: Gesammelte Briefe und Aufzeichnungen, unter Benützung der Quellensammlung von H. C. Robbins Landon herausgegeben und erläutert von Dénes Bartha, Kassel, Budapest 1965.

In englischer Übersetzung: The Collected Correspondence and London Notebooks of Joseph Haydn, translated and edited by H. C. Robbins Landon, London 1959.

*Haydn-Bilder:*

Joseph Haydn: Sein Leben in zeitgenössischen Bildern, gesammelt, erläutert und mit einer Ikonographie der authentischen Haydn-Bildnisse versehen von László Somfai, Kassel, Budapest 1966.

*Quellenwerke über Haydn:*

Bartha, D. & Somfai, L.: Haydn als Opernkapellmeister, Budapest 1960.

Feder, G.: Die Überlieferung und Verbreitung der handschriftlichen Quellen zu Haydns Werken (Folge I deutsch: Haydn-Studien Band I, Heft 1, München–Duisburg 1965;

Folge I englisch: Haydn-Jahrbuch IV [1966], Wien 1967; Folge II 1967).

Harich, J.: Das Repertoire des Opernkapellmeisters Joseph Haydn in Eszterháza (1780–1790) in Haydn-Jahrbuch I (1962), Wien 1962.

Harich, J.: Haydn Documenta (I) in Haydn-Jahrbuch II (1963/4), Wien 1964.

Harich, J.: Haydn Documenta (II) in Haydn-Jahrbuch III (1965), Wien 1966.

Harich, J.: Haydn Documenta (III) in Haydn-Jahrbuch IV (1966), Wien 1967.

Harich, J.: Haydn Documenta (IV) im Haydn-Jahrbuch VII, Wien 1970.

Harich, J.: Haydn Documenta (V) im Haydn-Jahrbuch VIII, Wien 1971.

Horányi, M.: Das Esterházysche Feenreich. Beitrag zur ungarländischen Theatergeschichte des 18. Jahrhunderts, Budapest 1959. Englisch (mit Nachträgen): London/Budapest 1962.

Larsen, J. P.: Die Haydn-Überlieferung, Kopenhagen 1939.

Olleson, E.: Haydn in the Diaries of Count Karl von Zinzendorf in Haydn-Jahrbuch II (1963/4), Wien 1964.

Olleson, E.: Georg August Griesinger's Correspondence with Breitkopf & Härtel in Haydn-Jahrbuch III (1965), Wien 1966.

Radant, E.: Haydn in den Tagebüchern von J. C. Rosenbaum in Haydn-Jahrbuch V (1967), Wien 1967.

Schmid, E. F.: Joseph Haydn, Ein Buch von Vorfahren und Heimat des Meisters, Kassel 1934.

Schmidt, F., & Pandi, M.: Musik zur Zeit Haydns und Beethovens in der Preßburger Zeitung im Haydn-Jahrbuch VIII, Wien 1971.

Thomas, G.: Griesingers Briefe über Haydn in Haydn-Studien, Band I, Heft 2 (München–Duisburg 1966).

*Haydn-Biographien:*
Die drei «authentischen» Haydn-Biographien:
(1) Carpani, G.: Le Haydine, ovvero lettere su la vita e le opere del celebre maestro Giuseppe Haydn, Milano 1812.
(2) Dies, A. C.: Biographische Nachrichten von Joseph Haydn, Wien 1810 (Neuausgabe: Berlin [1959]).
(3) Griesinger, G. A.: Biographische Notizen über Joseph Haydn, Leipzig 1810 (Neuausgabe: Wien 1954).

Die «Standard»-Literatur von Pohl:
Pohl, C. F.: Haydn in London, Wien 1867.
Pohl, C. F. (und Botstiber, H.): Joseph Haydn. Band I, Berlin 1875; Band II, Leipzig 1882; Band III (Botstiber), Leipzig 1927.

Moderne Biographien:
Geiringer, K.: Joseph Haydn, Mainz 1959.
Nowak, L.: Joseph Haydn, Wien 1951 (2. revidierte Ausgabe: Wien 1959).

*Literaturauswahl aus Haydn-Monographien:*
Landon, H. C. Robbins: Essays on the Viennese Classical Style, London 1970.
Rosen, C.: The Classical Style, London 1971.

Symphonien:
Landon, H. C. Robbins: The Symphonies of Joseph Haydn, London 1955 (Supplement: 1961).
Landon, H. C. Robbins: Haydn Symphonies, 1966.

Opern:
Landon, H. C. Robbins: Haydn's Operas in New Oxford History of Musik (London 1972).
Landon, H. C. Robbins: Haydn's Marionette Operas and the Repertoire of the Marionette Theatre at Eszterház Castle in Haydn-Jahrbuch I (1962), Wien 1962.
Wirth, H.: Joseph Haydn als Dramatiker, Wolfenbüttel 1941.

Streichquartette:

Barrett-Ayres, R.: Haydn's String Quartets, London 1972.

Hughes, R.: Haydn String Quartets, London 1967.

Sondheimer, R.: Haydn: A historical and psychological study based on his quartets, London 1951.

Klaviersonaten:

Abert, H: Joseph Haydns Klavierwerke in Zeitschrift für Musikwissenschaft 1919/21.

Radcliffe, P.: The piano Sonatas of Joseph Haydn in Music Review 1946.

Klaviertrios:

Bell, A. Craig: An introduction to Haydn's Piano Trios in Music Review 1955.

Oratorien:

Olleson, E.: The Origin and Libretto of Haydn's «Creation» in Haydn-Jahrbuch IV (1966), Wien 1967.

Stern, M.: Haydns «Schöpfung», Geist und Herkunft des van Swietenschen Librettos in Haydn-Studien, Band I, Heft 3 (München–Duisburg 1966).

Messen:

Brand, C. M.: Die Messen von Joseph Haydn, Würzburg 1941.

# Bildnachweis

Seite

10 Das Geburtshaus in Rohrau, Federzeichnung von J. Chr. Berndt (Sammlung Landon).

12 Georg Reutter d. J., Ölgemälde, anonym (Gesellschaft der Musikfreunde, Wien)

15 St.-Stephans-Dom zu Wien, anonymes Aquarell, 1780 (Kartensammlung der Österreichischen Nationalbibliothek)

17 Altes Michaelerhaus und Michaelerkirche, Zeichnung von Salomon Kleiner, 1740 (Bildarchiv der Österreichischen Nationalbibliothek)

18 Petro Metastasio, Stich von Johann Ernst Mansfeld (Bildarchiv der Österreichischen Nationalbibliothek)

20 Kloster und Kirche der Barmherzigen Brüder in der Leopoldstadt, gezeichnet und gestochen von Johann Ziegler, um 1779 (Foto Graphische Sammlung Albertina, Wien)

24 Joseph Haydn, Stich von Johann Ernst Mansfeld, 1781 (Sammlung Landon)

27 Schloß Eisenstadt, unbenannter Stich (Sammlung Sándor Wolf, Eisenstadt)

28 Fürst Anton Esterházy, Schwarzblattkunst von Nikolaus Rhein (Reim) (Bildarchiv der Österreichischen Nationalbibliothek

32 Fürst Nicolaus Esterházy, Ölgemälde, anonym (aus dem Priorat der Bergkirche), Haydn-Museum, Eisenstadt (Foto Josef Dapra)

58 Ignaz Pleyel, Stich von Joh. Joseph Neidl nach dem Ölgemälde von Thomas Hardy, 1792 (Historisches Museum der Stadt Wien)

67 Johann Peter Salomon, Bleistiftskizze von George Dance, (19. 6.) 1794 (Samlung Landon)

70 London Bridge, Farblithographie von William Daniell, 1805 (British Museum, London)
72 König George III., Bildnisschabstich von Robert Laurie (Lawrey, Lawrie, Lowery), 1772, nach einem Ölgemälde von Johann (John) Joseph Zoffany (Zauffaly, Zauphaly, Zoffani), 1771 (British Museum, London)
75 Hanover Square Rooms in London, übermalte Zeichnung von Thomas Hosmer Shepherd, 1831 (British Museum, London)
77 Joseph Haydn, Ölgemälde von Ludwig Guttenbrunn (1791?) das Luigi (Lewis) Schiavonetti 1792 in London zur Vorlage für seinen Porträtstich diente (Sammlung Mrs. Eva Alberman, London)
79 Der spätere König Georg IV. als Prince of Wales, Stich von S. Bennet, 1803, nach dem Ölgemälde von Sir William Beechey (Beechy) (British Museum, London)
83 Joseph Haydn, Zeichnung von George Dance, (20. 3.) 1794 (Royal College of Music, London)
85 Charlotte (1744–1818) Gemahlin Georges III.
90 Giovanni Battista Viotti, anonymer Stich (British Museum, London)
92 Eintrittskarte zu Haydns Benefizkonzert am 3. Mai 1792 mit Haydns Unterschrift. Der Text auf der Rückseite lautet: «Presented to Mrs. Papendiek by / Dr Hayden himself at which Concert / Ye Duchess of York was present / for the first time in England & / 1500 people entered the door.» (Sammlung Albert Rosenthal, Oxford)
94 Fürst Nicolaus II., Ölgemälde, anonym, Schloß Eisenstadt (Foto Linde Herzog)
99 Admiral Lord Horatio Nelson, Ölgemälde von John Hoppner (1801?), Original im St. James Palace, London (National Maritime Museum, Greenwich Hospital Collection)
100 Baron Gottfried von Swieten, Pastellbild von Victoire Clavarau, 1765 (Historisches Museum der Stadt Wien)

103 Der Neue Markt in Wien, Stich von Carl Schütz, 1798 (Graphische Sammlung, Albertina, Wien)
109 Emma, Lady Hamilton, Stich von Raphael Morghen, um 1800 (British Museum, London)
111 Maria Josepha Hermenegild, Gemahlin des Fürsten Nicolaus II., Ölgemälde, anonym, Schloß Eisenstadt (Foto R. Forster)
112 Haydns Grabstätte im Mausoleum der Bergkirche zu Eisenstadt (Foto Josef Dapra)

Die Tafelabbildungen zeigen:

1. Landschaft um Rohrau (Foto Josef Dapra)
2. Schloß Eszterháza (Foto Josef Dapra)
3. Vermutliches Szenenbild einer Aufführung von Haydns Oper «L'incontro improviso» in Eszterháza, Gouacha, anonym, 1775, Theatermuseum München (Foto Joachim Blauel)
4. Freimaurer Loge «Zur wahren Eintracht» in Wien, Einführungszeremonie der Lehrlinge, Ölgemälde, anonym, 1780, Historisches Museum der Stadt Wien
5. Joseph Haydn, Ölgemälde von John Hoppner, 1791, Buckingham Palace, London (Foto A. C. Cooper, London)
6. Die Bergkirche zu Eisenstadt (Foto Josef Dapra)

Die Abbildungen im Text haben liebenswürdigerweise zur Verfügung gestellt:
die Library of the University of California
das Esterházy-Archiv in Budapest
das Esterházy-Archiv in Eisenstadt
das Historische Museum der Stadt Wien
die Gesellschaft der Musikfreunde in Wien
die Österreichische Nationalbibliothek
die Preußische Staatsbibliothek, Berlin
das Royal College of Music, London
die Universitätsbibliothek Tübingen
Das Autograph auf Seite 118 befindet sich in Privatbesitz (Graz).

Die Herausgabe dieses Buches erfolgte mit Förderung der burgenländischen Landesregierung (Kulturreferat).

Die Komponistenreihe des Residenz Verlages bietet nach dem neuesten Stand der Musikwissenschaft in Text und Bild fundierte Information über Leben, Persönlichkeit und Werk der großen Komponisten. Die schöne, ansprechende Ausstattung macht diese Bücher zu einem idealen Geschenk für den Musikfreund. Erschienen sind Ausgaben über Joseph Haydn, Wolfgang Amadeus Mozart, Ludwig van Beethoven, Franz Liszt, Anton Bruckner, Richard Wagner, Giuseppe Verdi, Gustav Mahler, Richard Strauss.

Jeder Band ist in Leinen gebunden, hat rund 125 Seiten, 40 Abbildungen, davon 5 in Farbe.

Residenz Verlag

rowohlts
monographien

Herausgegeben
von Kurt Kusenberg

# Betrifft: Musik

*Johann Sebastian Bach*
von Luc-André Marcel (83)
*Belá Bartók*
von Everett Helm (107)
*Ludwig van Beethoven*
von Fritz Zobeley (103)
*Alban Berg*
von Volker Scherliess (225)
*Hector Berlioz*
von Wolfgang Dömling (254)
*Johannes Brahms*
von Hans A. Neunzig (197)
*Anton Bruckner*
von Karl Grebe (190)
*Frédéric Chopin*
von Camille Bourniquel (25)
*Antonin Dvořák*
von Kurt Honolka (220)
*Georg Friedrich Händel*
von Richard Friedenthal (36)
*Joseph Haydn*
von Pierre Barbaud (49)
*Franz Liszt*
von Everett Helm (185)
*Gustav Mahler*
von Wolfgang Schreiber (181)
*Wolfgang Amadé Mozart*
von Aloys Greither (77)
*Modest Mussorgsky*
von Hans Christoph Worbs (247)
*Jacques Offenbach*
von P. Walter Jacob (155)
*Max Reger*
von Helmut Wirth (206)
*Arnold Schönberg*
von Eberhard Freitag (202)
*Franz Schubert*
von Marcel Schneider (19)
*Robert Schumann*
von André Boucourechliev (6)
*Richard Strauss*
von Walter Deppisch (146)
*Georg Philipp Telemann*
von Karl Grebe (170)
*Peter Tschaikowsky*
von Everett Helm (243)
*Giuseppe Verdi*
von Hans Kühner (64)
*Richard Wagner*
von Hans Mayer (29)
*Anton Webern*
von Hanspeter Krellmann (229)

rowohlts
monographien

Herausgegeben
von Kurt Kusenberg

# Betrifft: Geschichte

*Konrad Adenauer*
Gösta von Uexküll (234)
*Alexander der Große*
Gerhard Wirth (203)
*Michail A. Bakunin*
Justus Franz Wittkop (218)
*August Bebel*
Hellmut Hirsch (196)
*Otto von Bismarck*
Wilhelm Mommsen (122)
*Willy Brandt*
Carola Stern (232)
*Julius Caesar*
Hans Oppermann (135)
*Winston Churchill*
Sebastian Haffner (129)
*Friedrich II.*
Georg Holmsten (159)
*Friedrich II. von Hohenstaufen*
Herbert Nette (222)
*Ernesto Che Guevara*
Elmar May (207)
*Johannes Gutenberg*
Helmut Presser (134)
*Ho Tschi Minh*
Reinhold Neumann-Hoditz (182)
*Wilhelm von Humboldt*
Peter Berglar (162)
*Jeanne d'Arc*
Herbert Nette (253)
*Karl der Große*
Wolfgang Braunfels (187)
*Ferdinand Lassalle*
Gösta v. Uexküll (212)
*Wladimir I. Lenin*
Hermann Weber (168)
*Rosa Luxemburg*
Helmut Hirsch (158)
*Mao Tse-tung*
Tilemann Grimm (141)
*Clemens Fürst von Metternich*
Friedrich Hartau (250)
*Napoleon*
André Maurois (112)
*Walther Rathenau*
Harry Wilde (180)
*Kurt Schumacher*
Heinrich G. Ritzel (184)
*Josef W. Stalin*
Maximilien Rubel (224)
*Freiherr vom Stein*
Georg Holmsten (227)